大数据背景下企业财务管理研究

庄艳 著

延吉·延边大学出版社

图书在版编目（CIP）数据

大数据背景下企业财务管理研究 / 庄艳著. -- 延吉：延边大学出版社，2024. 8. -- ISBN 978-7-230-06928-1

Ⅰ. F275

中国国家版本馆 CIP 数据核字第 2024ZS1836 号

大数据背景下企业财务管理研究

著　　者：庄　艳
责任编辑：朱秋梅
封面设计：文合文化
出版发行：延边大学出版社
社　　址：吉林省延吉市公园路 977 号
邮　　编：133002
网　　址：http://www.ydcbs.com
E-mail：ydcbs@ydcbs.com
电　　话：0433-2732435
传　　真：0433-2732434
发行电话：0433-2733056
印　　刷：三河市嵩川印刷有限公司
开　　本：787 mm×1092 mm　1/16
印　　张：10.75
字　　数：165 千字
版　　次：2024 年 8 月　第 1 版
印　　次：2024 年 8 月　第 1 次印刷
ISBN 978-7-230-06928-1

定　　价：62.00 元

前　言

如今，大数据已成为推动社会经济发展和企业转型升级的中坚力量。随着云计算、物联网、人工智能等技术的飞速发展，数据以前所未有的速度和规模被生成、收集与分析，对企业的运营模式和决策体系具有重要的影响。

本书以"大数据背景下企业财务管理研究"为主题，主要聚焦于大数据技术在企业财务管理领域的应用与创新。本书从理论层面剖析了大数据如何促进企业财务管理理念的更新，包括风险管理、成本控制、资金运作、财务决策支持等多个维度；同时，结合具体案例，分析了大数据技术在提高财务效率、优化资源配置、增强企业竞争力等方面的实际效果。笔者希望通过对大数据与企业财务管理进行深度的融合研究，以期为企业财务管理者提供一套科学、系统、可操作的解决方案，助力企业在复杂多变的市场环境中稳定前行。

本书由江西开放大学庄艳独立撰写。

目　　录

第一章　大数据与企业财务管理概述 …………………………………… 1
第一节　大数据 ………………………………………………………… 1
第二节　大数据基础及发展战略 ……………………………………… 19
第三节　大数据背景下云计算的功能与特点 ………………………… 45
第四节　大数据对财务管理的影响 …………………………………… 54
第五节　企业财务管理 ………………………………………………… 57
第六节　大数据与企业财务管理 ……………………………………… 63

第二章　大数据背景下企业投资管理 …………………………………… 69
第一节　大数据给企业投资决策带来的影响 ………………………… 69
第二节　大数据背景下企业投资决策的优化 ………………………… 71

第三章　大数据背景下企业预算与管理 ………………………………… 76
第一节　企业预算 ……………………………………………………… 76
第二节　企业预算的执行与考核 ……………………………………… 84
第三节　大数据背景下企业全面预算管理 …………………………… 87

第四章　大数据背景下企业财务风险管理与内部控制 ………………… 97
第一节　大数据背景下企业财务风险管理 …………………………… 97
第二节　大数据背景下企业财务管理的内部控制 …………………… 117

第五章 大数据背景下企业投资决策管理·················121
第一节 企业投资决策的方法·····························121
第二节 大数据环境对企业投资决策的影响·············128
第三节 大数据背景下企业投资决策的优化·············132

第六章 大数据背景下企业财务管理创新·················134
第一节 大数据背景下企业财务管理思维创新··········134
第二节 大数据背景下无边界融合式财务管理创新····143
第三节 大数据背景下企业财务管理智能化发展·······155

参考文献···161

第一章 大数据与企业财务管理概述

大数据作为我国创新驱动的引擎和产业转型升级的加速器,引领了技术研发体系、管理模式、商业模式乃至价值链系统的全面革新。它促进了跨领域、跨产业大数据的深度融合与协同创新。对于企业而言,获取竞争优势是其可持续发展的保障,而财务战略作为企业整体战略的核心,主要基于在长远和系统的视角下,在公司总体目标的指引下,将企业资产的购置、投资、融资以及管理等多方面进行有效整合,促使企业高效运转。在大数据背景下,海量的数据可以为财务管理与决策提供信息便捷;同时,也对传统的财务制度改革创新带来了挑战。

第一节 大数据

一、大数据的定义

随着互联网技术的飞速发展,人们的生活和工作方式发生了翻天覆地的变化。移动互联网、物联网等联网设备的不断涌现和普及,使数据得以快速增长。其中,高达90%的数据都是互联网时代的产物,它们以惊人的速度持续增长,使得大数据充斥着人们的生活。

然而，当前对于大数据的定义并未形成统一的标准。尽管人们对大数据的理解多种多样，但在大数据领域，大数据并非仅仅意味着数据量的增加。

（一）百度搜索对于大数据的定义

百度搜索认为，大数据是指那些超出传统软件工具在特定时间和特定尺度内所能捕捉、管理和处理的复杂的数据集合。这些数据集合要求具备更为强大的决策力、敏锐的洞察力和精细优化能力，以应对日益增长、多元化且海量的信息资产。因此，对于大数据的处理，需要引入全新的、更为高效的处理模式。

（二）互联网周刊对于大数据的定义

互联网周刊对"大数据"的定义是："大数据"并非仅指庞大的数据量，也不仅仅指处理这些海量数据的技术手段，它涵盖了那些基于小规模数据无法实现的创新与应用。简而言之，大数据赋予了人们从海量数据中提炼出具有极高价值的产品、服务或深刻洞察事物的能力。

（三）研究机构对于大数据的定义

研究机构深入探讨了"大数据"的本质，将其定义为一种海量、高增长率且多元化的信息资产。为了充分发挥大数据的潜力，需要引入新型的处理方式，从而赋予其更为强大的决策力、洞察力以及流程优化能力。从数据分类的视角出发，"大数据"特指那些无法通过传统过程和工具进行有效处理和分析的信息。这一定义明确界定了某些数据集，它们超越了常规的处理范畴和规模，迫使用户不得不采用非传统的处理方法来应对。

二、大数据的类型

大数据主要分为三类，如图 1-1 所示。

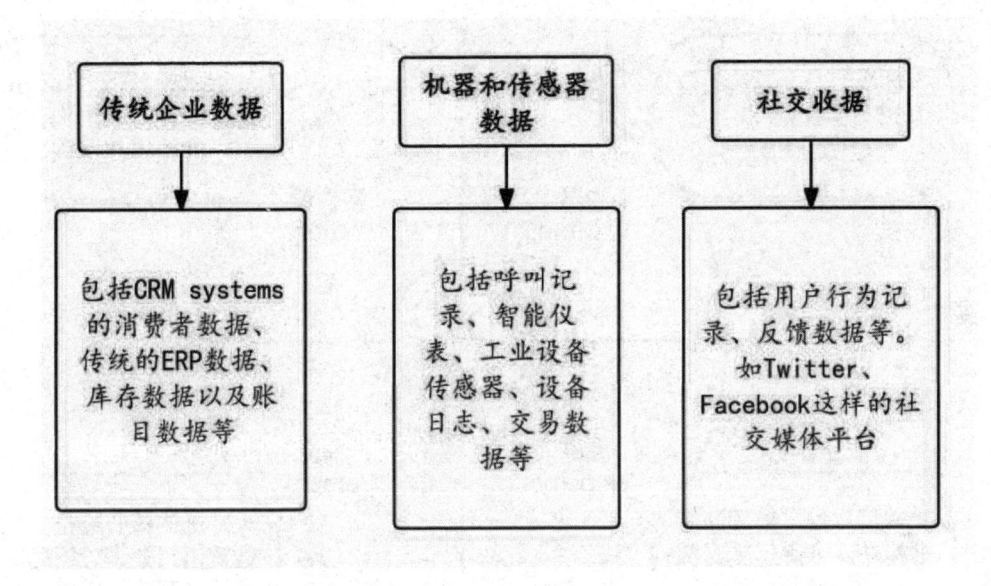

```
┌──────────────┐    ┌──────────────┐    ┌──────────────┐
│ 传统企业数据 │    │机器和传感器  │    │  社交收据    │
│              │    │    数据      │    │              │
└──────┬───────┘    └──────┬───────┘    └──────┬───────┘
       │                   │                   │
┌──────▼───────┐    ┌──────▼───────┐    ┌──────▼───────┐
│包括CRM       │    │包括呼叫记    │    │包括用户行为记│
│systems的消费 │    │录、智能仪    │    │录、反馈数据等│
│者数据、传统  │    │表、工业设备  │    │。如Twitter、 │
│的ERP数据、   │    │传感器、设备  │    │Facebook这样的│
│库存数据以及账│    │日志、交易数  │    │社交媒体平台  │
│目数据等      │    │据等          │    │              │
└──────────────┘    └──────────────┘    └──────────────┘
```

图 1-1 大数据的类型

三、大数据的特征

美国高德纳公司的分析员道格·莱尼深入剖析了数据增长带来的三大挑战与机遇，它们分别是：数据量的激增，即数据规模的庞大；数据处理的高速性，即资料输入与输出的迅速；数据类型的多样性，即数据种类的繁多。基于这一分析，国际商用机器公司（INTERNATIONAL BUSINESS MACHINES，以下简称 IBM）进一步提出了大数据的"4V"特征：一是数据量的数量（Volume），二是数据类型的多样性（Variety），三是数据的处理速度（Velocity），四是数据的价值性（Veracity）。这一特征框架如图 1-2 所示。

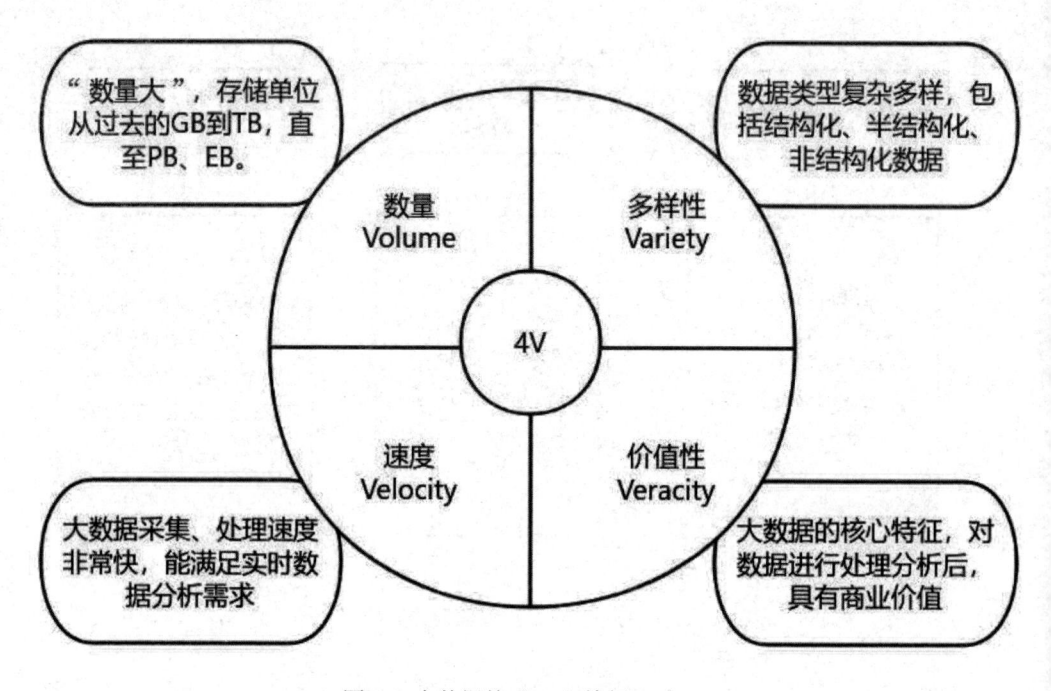

[图示：大数据4V特征图]
- "数量大"，存储单位从过去的GB到TB，直至PB、EB。
- 数据类型复杂多样，包括结构化、半结构化、非结构化数据
- 数量 Volume
- 多样性 Variety
- 速度 Velocity
- 价值性 Veracity
- 4V
- 大数据采集、处理速度非常快，能满足实时数据分析需求
- 大数据的核心特征，对数据进行处理分析后，具有商业价值

图 1-2 大数据的"4V"特征

（一）数量（Volume）

随着互联网、移动互联网及物联网技术的日新月异，海量的数据已经展现出无可估量的价值。为了充分利用这些数据，首要任务便是实现从"分散式"管理到"集中化"管理的转变，同时确保数据在共享过程中的安全与伦理问题得到妥善解决。在技术层面，需解决的是数据的整合与集中问题，而在社会层面，则需要关注数据共享的安全性与伦理道德。若数据在安全性与伦理道德方面失去控制，将可能引发一系列严重的社会问题。例如，许多人每天都会收到骚扰电话，这正是数据安全性与伦理道德问题在现实生活中的直接体现。

（二）多样性（Variety）

大数据宛如一个包容万物的智者，无论何种信息，它都能欣然接纳。当人

们探索这个世界时，都会尽力吸收所有能感知的元素，数字、影像、声音，无所不包。从这个角度来看，大数据的多样性为机器向人类学习提供了坚实的基础。

（三）速度（Velocity）

海量数据作为大数据的核心特征，正经历着从 PB 级到 TB 级的快速转变。在这一过程中，"超大规模数据"与"海量数据"的动态变化特性越发显著，导致传统系统难以应对其带来的挑战。

大数据的显著优势之一体现在其处理信息的速度上。以淘宝为例，其商品推送便是基于大数据技术的精准应用。若计算速度迟缓，用户在登录至离开的短暂时间内，可能无法接收到具有针对性的推送内容，这将大大削弱大数据的商业价值。

因此，将大数据转化为商业价值的关键在于速度。

云计算技术的广泛应用，为大数据提供了强大的技术支撑。它不仅使大数据的计算成本降低、资源更加丰富，还显著提升了其计算速度。这使得我们能够以更低的成本，将大数据技术广泛应用于更多商业场景中，从而挖掘其潜在的商业价值。

（四）价值性（Veracity）

在现实生活中，价值的特性往往与事物的理想状态相契合。当我们聚焦于相关性时，通常能够获取更为丰富的真实信息。传统数据处理对数据精密度有着严苛的要求，若不进行精细的数据清洗，将会极大削弱结果的实用性和可信度。通常情况下，我们所说的"垃圾输入"导致"垃圾输出"的问题，正是源于此。

大数据从逆向思维出发，通过适度降低对精确度的需求，从而间接提升了数据的质量和实用性。

四、大数据的技术框架

大数据指的是通过先进的数据分析技术,从海量的数据中挖掘出有价值的信息,并将其提供给用户,进而实现其商业价值的过程。由于数据本身的多样性和数据分析需求的复杂性,大数据技术体系异常庞大,涵盖了诸多组件和模块。

在互联网的广阔天地中,数据无处不在。从信息系统的生命周期来看,大数据的流转过程始于数据源,通过数据采集、数据存储、资源管理与服务协调、计算引擎、数据分析以及数据可视化等六大核心环节,最终实现数据的价值化。然而,在这一过程中,每一个环节都伴随着各种技术挑战,需要我们不断克服与突破。如图 1-3 所示。

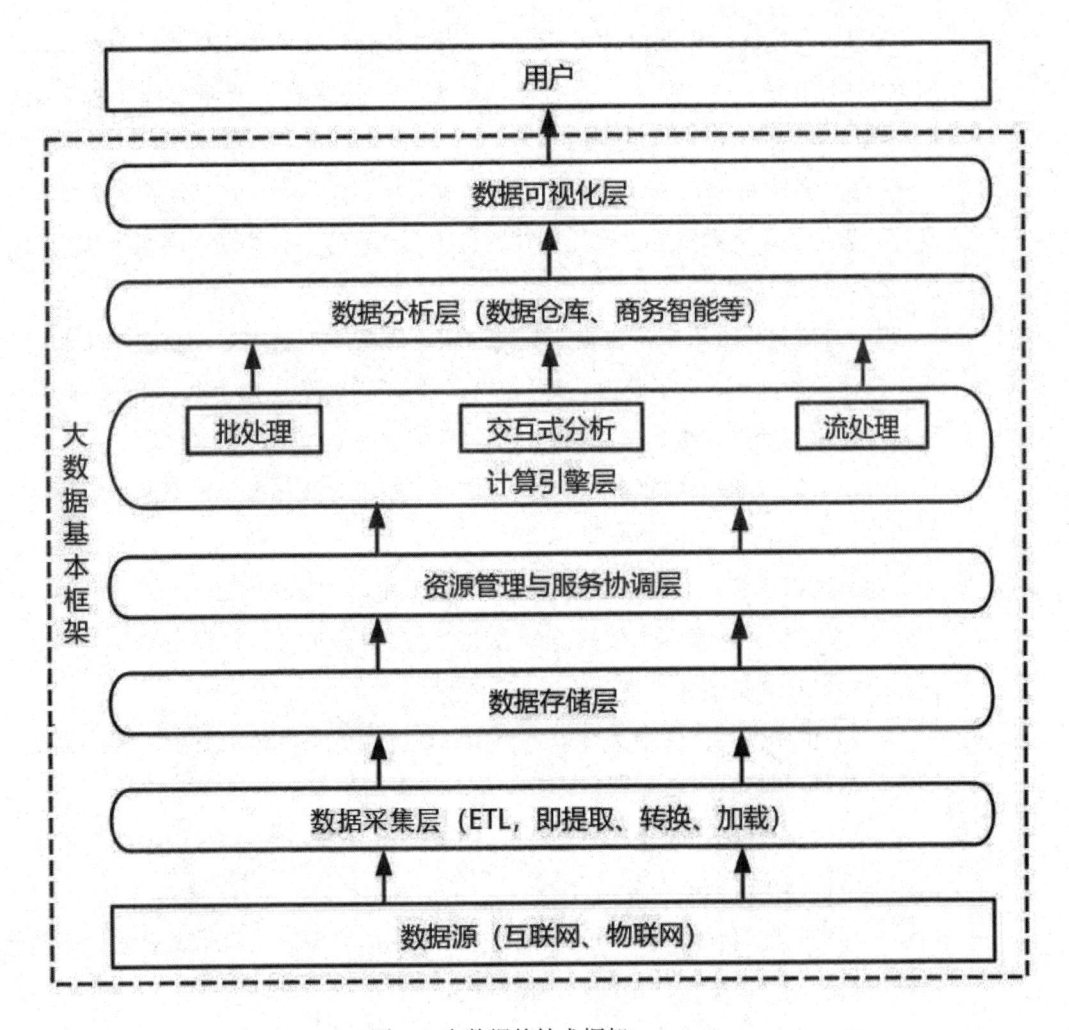

```
                        用户
                         ↑
    ┌─────────────────────────────────────────┐
    │         数据可视化层                      │
    │                ↑                         │
    │   数据分析层（数据仓库、商务智能等）       │
    │      ↑         ↑         ↑               │
大   │  ┌──────┐ ┌────────┐ ┌──────┐           │
数   │  │批处理│ │交互式分析│ │流处理│           │
据   │  └──────┘ └────────┘ └──────┘           │
基   │           计算引擎层                     │
本   │      ↑         ↑         ↑               │
框   │         资源管理与服务协调层              │
架   │                ↑                         │
    │           数据存储层                      │
    │                ↑                         │
    │   数据采集层（ETL，即提取、转换、加载）    │
    │                ↑                         │
    │        数据源（互联网、物联网）            │
    └─────────────────────────────────────────┘
```

图 1-3 大数据的技术框架

（一）数据采集层

数据采集层由直接对接数据源的模块构成，旨在以接近实时的方式高效捕获数据源信息。数据源具备以下显著特征：

（1）分布式：数据源广泛分布于不同的计算机和设备中，并通过网络连接实现互通有无。

（2）异构性：数据源具有广泛的包容性，任何能够生成数据的系统均可成为其中的一部分，如网络服务器、数据库、传感器、智能手环、视频摄像机等。

（3）多样性：数据源涵盖的数据格式丰富多样，不仅包括用户的基本信息，还囊括了非关系型数据，如图片、音频、视频等多种类型，展示了数据源的广泛性和多元性。

（4）流式生成机制：数据源如同"永不停歇的水龙头"，源源不断地产生"流动的数据"。为了确保数据的即时分析，采集系统必须实时或半实时地将这些数据传输至后端。

鉴于数据源的这种持续产生数据的特性，整合分散在多个数据源中的数据往往是一大挑战。

在大数据背景下，数据采集系统通常展现出以下显著特征：

（1）可扩展性强：大数据能灵活地适应多种数据源，确保在海量数据中依然保持自身的高效性，避免遭遇系统瓶颈。

（2）可靠性高：在数据传输过程中，数据的完整性至关重要，因此数据丢失的现象相对比较少。

（3）安全性强：对于敏感数据，人们建立了完善的机制，确保在数据采集过程中不存在任何安全风险。

（4）低延迟传输：鉴于数据源产生的数据量巨大，采集系统必须保证在低延迟状态下将数据传送至后端存储系统。

为了支持后端存储系统进行更全面的数据分析与挖掘，我们通常会将数据集中存储在一个高效的存储系统中。

（二）数据存储层

数据存储层专注于海量及非结构化数据的存储工作。尽管以 MySQL 为代表的传统关系数据库和以 Linux 为基础的文件系统在某些方面表现卓越，但在存储容量、可扩展性和容错能力上，它们均存在一定的局限性，难以应对大数据带来的挑战。

在大数据时代背景下，数据采集系统源源不断地向中央化存储系统传输多样化的数据，对数据存储层的可扩展性、容错性和存储模式提出了更为严格的要求。

（1）可扩展性：随着大数据的实际应用场景的不断扩展，现有集群的存储容量很快就会面临挑战。为了应对这一挑战，存储系统需要具备强大的线性扩展能力，以便在必要时能够迅速添加新的机器来扩充存储容量。

（2）容错性：考虑到成本等因素，大数据系统通常建立在低成本机器之上。因此，系统必须拥有完善的容错机制，以确保在机器出现故障时，不会造成数据的丢失或损坏。

（3）存储模式：鉴于数据的多样性和复杂性，数据存储层需要支持多种类型的数据存储方式，从而确保结构化和非结构化数据都能得到高效、安全的存储。

（三）资源管理与服务协调层

随着互联网技术的迅猛发展，各种新兴应用与服务层出不穷。在同一企业中，既需应对短期处理任务，又需长期提供服务。为避免不同应用间的相互干扰，传统的做法是将每种应用单独部署在各自的服务器中。然而，尽管这种方法简单易行，但是仍存在资源利用率低下、运行维护费用高昂、数据共享难度大等问题。

为解决上述问题，各大企业纷纷采取新的策略，即将这些应用部署在同一个集群内，共享集群资源，统一调配使用，并通过轻量级隔离机制确保各应用程序的独立性。这一策略不仅形成了轻量级、灵活的资源管理平台，还带来了多重优势。

首先，资源利用率得到了显著提高。若每个应用都拥有独立集群，往往会导致应用程序数量与资源需求的不平衡，进而在某些时段出现资源紧张的情况。而共享集群模式通过实现资源的共享，充分利用了集群内的资源，从而避免了资源的浪费。

其次，运行成本大幅降低。在"一个应用一个集群"的模式下，可能需要多个管理员来管理不同集群，这无疑增加了运维成本。而共享集群模式则实现了对多个框架的统一管理，通常只需几个管理员即可胜任，从而降低了运维成本。

最后，数据共享变得更为便捷。随着数据量的爆炸式增长，集群之间的数据迁移不仅耗时大且硬件开销大。而共享集群模式使得多个应用能够轻松实现数据与硬件资源的共享，极大地降低了数据迁移的成本和复杂性。

在分布式大数据系统构建过程中，常常会遇到一系列共性问题，这些问题包括但不限于服务命名的规范化、分布式队列的高效管理、分布式锁的精确控制，以及发布订阅机制的稳健实施等关键领域。

（四）计算引擎层

在实际的生产环境中，不同的应用场景对数据处理的需求也不同。有些场景仅需要脱机处理，对实时性要求不高，但强调系统的高吞吐量，例如搜索引擎建立索引时便是如此。而在其他场景中，数据的实时分析至关重要，要求数据处理的时延尽可能少，这类需求常见于广告系统和信用卡诈骗检测等领域。面对不同应用场景下的数据处理，人们最初试图设计一种能应对各种数据的综合性大型系统，但都以失败告终。究其原因，在于各类计算任务追求的目标不统一，批处理追求高吞吐量，而实时计算则追求低延时率。在实际应用中，系统吞吐量与处理时延往往存在矛盾：当系统吞吐量显著提升时，数据处理时延也相应增加，因此，单一系统难以满足所有计算任务的需求。

如今，计算引擎的发展趋势逐渐转变为"小而美"，即根据特定的应用场景分别构建对应的计算引擎。每种计算引擎都专注于解决某一特定类型的计算任务，从而形成一个多元化的计算引擎生态。计算引擎作为大数据技术的核心，新的技术和工具仍在不断涌现。如图1-4所示，从实际性能需求的角度出发，计算引擎大致可以划分为三个类别：

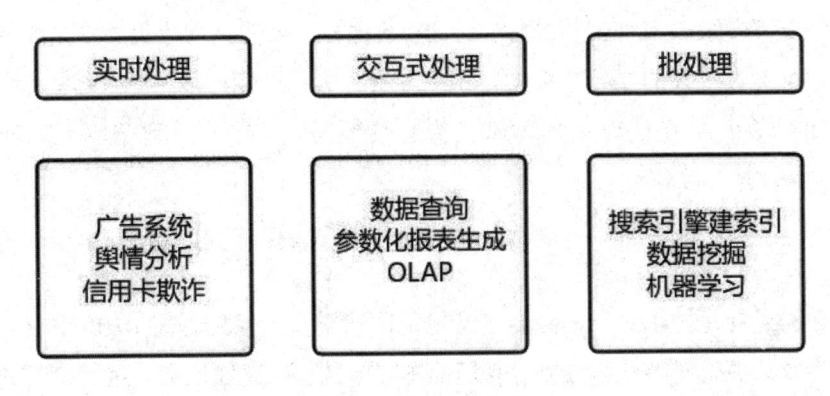

图 1-4 计算引擎分类

（1）批处理：这类计算引擎对时间的要求相对较低，其处理时间通常介于分钟和小时之间，甚至可能达到"天"级。它主要追求高吞吐量，即确保单位时间内处理的数据量尽可能地多。批处理的典型应用场景包括搜索引擎的索引构建、批分析等。

（2）交互式处理：这类计算引擎对时间的要求极高，通常需要在"秒"级甚至更短的时间内完成处理。由于这类系统需要与人类进行实时交互，因此它们通常提供类似结构化查询语言（Structured Query Language，以下简称 SQL）的服务，以方便用户高效使用。交互式处理的典型应用包括数据查询、参数化报表的即时生成等。

（3）实时处理：此类引擎对于时间有着严格的要求，通常处理时延控制在"秒"级以下。它们适用于需要快速响应的场景，如广告推送、舆情监控等。

（五）数据分析层

数据分析层直接与用户应用相连，为用户呈现了一个便捷的数据处理平台。为了简化数据分析流程，计算引擎精心配备了多种实用工具，包括应用程序接口（Application Programming Interface，以下简称 API）、SQL 以及软件开发工具包（Software Development Kit，以下简称 SDK）等。在实际操作中，数据科学家往往会依据其应用特性，从数据分析层精心挑选出最适合的工具，多数情况下会采取多种工具的综合运用。数据分析层的典型应用模式是先借助批处理框架对庞大的原始数据进行深度分析,从而提炼出精简的数据集,随后再利用高效的交互处理工具迅速查询这些数据集,以满足数据驱动的决策需求。

(六) 数据可视化层

数据可视化技术是一项融合了计算机图形学及图像处理技术的先进方法,旨在将复杂的资料转化为直观、易懂的图形或图像,并通过屏幕进行交互式处理。这一技术涵盖了多个领域,如计算机图形学、图像处理、计算机辅助技术(Computer Aided Design,以下简称 CAD)、计算机视觉和人机交互等,展现了其广泛的应用前景。

数据可视化层作为直接面向用户的界面,不仅是连接用户与大数据的桥梁,更是展现大数据价值的关键"门户"。鉴于大数据的庞大体量、复杂结构和多样化维度,其可视化面临着巨大的挑战。然而,正是这些挑战突显了可视化技术的重要性。

以医学领域为例,为了深入了解人体内部构造,美国国立医学图书馆于 1989 年启动了"VHP 计划"。在这一计划中,美国一高校建立了包含男性和女性完整解剖学资料的数据库。研究人员通过对两具不同性别的尸体进行高精度的 CT 扫描与 MRI 扫描,随后采用特殊技术处理这些样本,最终获得了海量的图像数据。这些图像数据不仅详细记录了人体的内部结构,而且通过美国国立医学图书馆向全球用户开放,为医学教学和科研提供了宝贵的资源。

VHP 数据库的建立标志着计算机三维重建图像与虚拟现实技术在医疗领域的成功应用,极大地推动了医学的发展与普及。这一成果不仅展示了数据可视化技术的强大潜力,也为其他领域的数据可视化应用提供了有益的借鉴。

五、大数据基础技术

大数据处理流程主要涵盖从庞大的数据集中提取关键信息，进而通过精细加工与分析，提炼出具有实际应用价值的知识。在这一过程中，大数据的存储、管理与检索技术，特别是数据挖掘与智能分析，在其中发挥着至关重要的作用。随着大数据的崛起，一系列新兴的数据存储、挖掘、处理和分析技术应运而生，这些技术不仅极大地提高了数据处理的效率，降低了成本，还使操作更为便捷。同时，大数据已成为公司业务运作不可或缺的辅助工具，并对众多行业的运作方式产生了深远的影响。因此，大数据的分析过程通常可以概括为数据采集和清洗、数据存储、数据挖掘以及数据结果呈现等四个环节，如图1-5所示。

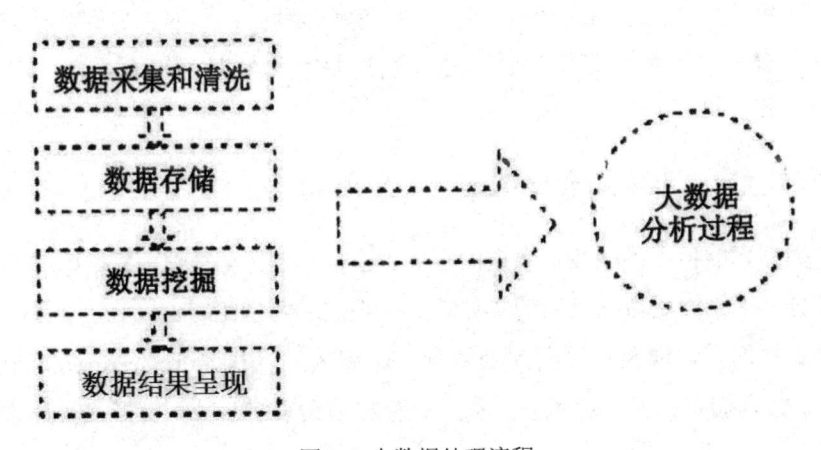

图1-5 大数据处理流程

（一）数据采集和清洗

数据采集，是指通过自动化手段从被测对象（如传感器和其他测量设备）中捕获信息的过程。随着互联网产业的进步，数据收集技术已在互联网和分布式领域得到广泛应用，并推动了数据收集领域的深刻变革。

互联网的普及，使得人们每天都能在网络上产生海量的数据，为数据的汇聚提供了坚实的基础。为了有效收集这些资料，人们可以借助多种工具，如感应器、网络爬虫、移动基站、无源光纤网络（Passive Optical Network，以下简称 PON）、用户自己生成的信息等。

（1）传感器是一种探测设备，具备出色的感知能力，能够将被测信息精准地转化为电信号或其他形式的信息。这些无处不在的传感器为我们提供了海量的数据源，例如，在监测 LHC 或四引擎大型客机时，需要数千个传感器通道，产生高达几百 TB 的数据。

（2）网络爬虫，是一种依据特定规则，能够自动从互联网上抓取网页内容的程序或脚本。

（3）PON 在现代通信中发挥着重要作用，与此同时，用户的日常交流也产生了海量的信息。

（4）用户自己生成的信息同样不容忽视。微信、微博、邮件等社交平台已深度融入人们的日常生活，而庞大的用户群体在这些平台上留下了丰富的信息。

（二）数据库和数据存储

数据库的核心挑战在于数据的存储、检索、定义与管理。数据库的基石由两部分组成：一是数据存储的实体；二是数据的管理策略。

数据的存储涉及对数据的细致分类、高效索引和详细属性定义（仓库管理）。数据储存技术主要涵盖无资料储存和档案系统两种主要形式，具体内容如下：

（1）资料。数据作为交易过程的符号化记录，可采用文字、图表等多种形式来表达。

（2）资料库（Database，以下简称 DB）是通过特定的资料模块组织、描述并存储于计算机中的数据集合。

（3）数据管理系统（Database Management System，以下简称 DBMS）是连接用户与操作系统之间的数据管理桥梁。其主要特性包括：

①资料定义能力：DBMS 提供了数据库模式定义语言（Data Definition Language，以下简称 DDL），使用户能够定义数据库中的各类对象。

②数据处理功能：数据库管理系统提供了一个数据操纵语言（Data Manipulation Language，以下简称 DML），用户可借助其进行查询、插入、删除、修改等数据操作。

（三）数据挖掘和数据分析

数据挖掘是指在成功获取所需数据之后，如何从中提炼出有效信息，即去伪存真、去粗取精，以满足用户的特定需求的过程。它依赖于人工智能统计、数据库管理和可视化技术，对企业数据进行深度且高度自动化的分析，进而通过归纳推理，揭示数据背后的潜在规律。这些洞察有助于决策者调整营销策略，从而降低运营过程中存在的潜在风险，进而做出更为明智的决策。在大数据的背景下，主要运用以下四种数据挖掘方法：

1.聚类分析

聚类分析旨在将相似数据归为若干类别，确保同一类别内数据相似度的最大化和不同类别数据间相似度的最小化。这一模型广泛应用于顾客分类、背景分析、消费趋势预测以及市场细分等领域。聚类分析的具体方法有很多，如基于历史的 MBR 分析、记忆基础推理法、遗传算法、基因算法等。

（1）基于历史的 MBR 分析法。基于历史的 MBR 分析法主要是用已知的案例来预测未来案例的一些属性，通常会寻找较为相似的案例来做比较。

（2）记忆基础推理法。记忆基础推理法中有两个要素，分别为距离函数与结合函数。距离函数的用意在于找出最相似的案例；结合函数则可以将相似案例的属性结合起来，以供预测之用。记忆基础推理法的优点有两个方面：一是它容许各种形式的数据，这些数据不需要服从某些假设；二是记忆基础推理法具备学习能力，它能通过对旧案例的学习来获取关于新案例的知识。然而，令人诟病的是，它需要大量的历史数据才能做良好的预测。此外，记忆基础推理法在处理上亦较为费时，不易发现最佳的距离函数与结合函数。

（3）遗传算法。遗传算法是学习细胞演化的过程，细胞间可经由不断的选择、复制、交配、突变产生更佳的新细胞。

（4）基因算法。基因算法的运作方式也很类似，它必须预先建立好一个模式，再经由一连串类似产生新细胞过程的运作，利用结合函数决定所产生的后代是否与这个模式吻合，最后仅有最吻合的结果能够存活，这个程序可以一直运作，直到此函数收敛到最佳解。基因算法在群集问题上有较好的表现，一般可用来辅助记忆基础推理法。

2.关联分析

关联分析作为一种数据挖掘技术，致力于从庞大的数据集中发现并提取信息之间的关联性及其背后的逻辑。"购物车分析"便是其中的杰出代表。"购物车分析"的核心目标在于识别商品在购物车中的相互关联，进而深入剖析消费者的购物偏好和习惯。

以美国沃尔玛的"尿布与啤酒"经典案例为例，该项目致力于从消费者的实际购买行为中，精准提炼出潜在的关联。这些信息不仅为零售商提供了宝贵的市场情报，更为其制定针对性的营销策略提供了强有力的数据支撑。

3.分类分析

分类分析与聚类分析迥异，它属于有指导学习的范畴。在分类分析的众多算法中，决策树算法占据着举足轻重的地位。这一算法以其直观性而著称，能够针对海量的数据进行有目标的分类，从而挖掘出潜在的、有价值的信息。其优点在于描述简洁明了、分类速度快，尤其在大规模数据处理中表现出色。

4.判别分析

判别分析是指基于事物特征的变量值及其所属类别，构建一个判别函数。利用这个判别函数，人们能够将未知类别的事物进行分类。其研究核心是不同类别之间的差异，以实现更精准的分类效果。

（四）大数据分析与呈现

Hadoop 作为一种分布式数据处理技术，能够应对 TB、PB 级别的计算挑战。尽管 R 语言在统计分析领域表现较为出色，但在处理大数据时，因受资源限制，通常采用抽样方法。R-Hadoop 作为一个开源项目，巧妙地结合了 Hadoop 集群的分布式文件系统和 R 语言的局部分析能力，通过 Map-Reduce 框架对非结构化数据进行处理，从而实现了对千兆级数据的处理。这种方法不仅克服了标准 R 语言软件面临的内存限制，更为跨界人才提供了广阔的探索空间。这种融合不仅是产业发展的必然方向，也是产、学、研结合的典范。

Hadoop 主要通过以下三个方面与 R 语言实现结合：

（1）R-Hadoop 算法：R-Hadoop 通过三个 R 包，与 Hadoop 体系结构的 Map-Reduce、HDFS、HBase 相对应，为数据处理提供了强大的支持。

（2）R-Hive：R-Hive 是由 NexR 开发的一款工具包，它允许用户直接使用 R 语言访问 Hive。在 R-Hive 中，用户可以在 R 环境下编写 HQL（Hive QL），并将 R 对象传递给 Hive 进行计算。R-Hive 的设计使得小数据集在 R 语言中运行，而大数据集则在 Hive 中处理。

（3）Hadoop 对 R 语言的调用：除了 R 调用 Hadoop 外，通过 Java 与 R 的桥接技术，Hadoop 也能够直接调用 R 语言进行数据分析。这种双向调用机制为数据处理提供了更大的灵活性。

六、大数据的发展趋势

大数据的迅猛发展无疑激发了无数创新火花，为商业模式的革新提供了强大动力。然而，人们往往被其巨大的优势所吸引，而对其潜在的不足和挑战视而不见。大数据的应用固然关键，但并非毫无边界，尤其是在伦理道德层面，其挑战不容忽视。特别是在商业领域，公司信誉的维护直接关系到企业的兴衰成败。在社交媒体高度发达的今天，一则丑闻能在瞬间引发全球关注，使公多年苦心经营的形象瞬间崩塌。

同时，大数据领域也面临着亟待解决的伦理道德问题。这一领域充满了无限的可能和机会，但也缺乏法律的明确规范和约束。人们在初期往往愿意冒险一试，但随着相关法律的逐步完善，这种不确定性将会引发人们的不安和担忧。例如，企业收集了哪些信息？这些信息将如何被使用？未来又将如何发展？这些都是人们必须要面对和解决的问题。

（一）迎接大数据的反作用力

在参加的每个研讨会或主旨演讲中，人们经常会为数据收集的发展水平感到震惊，他们并没有意识到，自己往往很轻易地，甚至是不加思索地同意别人使用了自己的信息。和其他伟大的创新一样，大数据也是一把双刃剑，人脸识别软件既可以用来预防犯罪，也可以为实现商业目的而监视普通人。在一些大型企业的地下室中，大量的数据可以被获取，并且正在被很多先进技术孕育着，而大多数人绝对意识不到这一点，这是人类面临的挑战之一。

（二）透明化和道德化

目前，许多数据采集的做法确实引发了伦理道德争议。例如，脸书在用户协议中塞满了长达 50 页的数据相关条款，这些条款往往被用户忽视。公司应向客户明确解释他们收集的数据类型以及这些数据的用途。若一家公司仅以收集更多资料为目的，而不顾用户感受，虽短期内可能取得成效，但从长远来看，这种做法将对企业毫无裨益。

从长期视角来看，企业的道德水准与其所收集数据的价值成正比。若公司未能明确告知客户其信息的收集和存储情况，将面临数据丢失的风险，同时企业声誉也会受损。

（三）确保有附加价值

诚信对于商家在收集他人数据时至关重要，若此举能为消费者带来附加价值，则无疑是一种明智之举。

比如，消费者购买最新一代的智能电视机，他们不仅能够进行个性化设置，还能利用内置摄像头享受更多的功能。这款智能电视机具备识别家庭儿童面部特征的能力，从而限制他们观看的内容。大多数消费者并不介意电视机制造商了解他们的观看习惯，如观看的节目、时间以及时长，因为这样的功能有助于父母更好地管理孩子的观看内容，避免其接触不良信息。然而，一旦消费者得知这家公司在收集他们的观看数据，便可能产生疑虑。因此，提升数据处理的透明度与为消费者提供附加价值是解决此类问题的关键。

为了构建信任与互惠的关系，公司应提供高品质或低成本的产品与服务，确保共享个人资料的消费者能够从中切实受益。通过不断提供附加价值，公司能够让消费者、雇员及其他股东感受到这是一场公平的交易，从而实现双赢。只要公司能够合法、合规地使用这些数据，消费者通常会给予积极的反馈。从长远来看，这样的做法有助于提升数据的价值。反之，若消费者觉得公司侵犯了他们的隐私，则会导致客户流失。在这样的情境下，利用数据进行对客户的深度分析不仅无法带来益处，反而可能产生负面影响。

第二节 大数据基础及发展战略

高德纳给"大数据"下的定义揭示了其本质：大数据是一种规模巨大、增长迅速、形式多样的信息资产，其潜在价值需通过新型处理方式得以释放，进而强化决策、洞察及过程优化的能力。

大数据技术的核心意义并不在于单纯的数据累积，而是如何对其进行专业化和精细化的处理。若将大数据视作一个产业，其盈利的关键便在于提升数据的"加工"能力，并在这一过程中实现数据的"增值"。

在技术层面而言，大数据与云计算相辅相成。由于大数据的处理规模远超于单一计算机的承载能力，因此必须采用分布式架构。其核心价值在于对海量数据的分布式挖掘，而这背后则依赖于云计算的分布式处理、分布式数据库、云存储和虚拟化等技术。

随着云计算时代的到来，大数据的地位越发凸显。《著云台》的分析师团队指出，大数据主要指的是企业产生的、庞大的非结构化或半结构化数据。当这些数据被导入关系型数据库进行分析时，往往需要付出高昂的时间与金钱成本。大数据分析通常与云计算紧密相连，借助类似 Map-Reduce 的框架，将计算任务分配给数十、数百乃至上千台计算机，从而实现对数据的高效处理。

为满足大数据对高效处理海量长时间数据的需求，本项目将深入研究面向大规模并行处理数据库、大数据挖掘、分布式文件系统、分布式数据库、云计算平台、互联网以及可扩展的存储系统等关键技术。

一、大数据的特点与价值

（一）大数据的具体特点

1.行业数据资产化

在大数据时代，大数据已深度融入各行各业，并逐渐转化为公司的重要资产，成为推动大数据产业创新发展的关键动力。互联网企业借助丰富的数据资产，深入挖掘数据中的潜在价值，精准理解用户的信息行为，进而推动行业实现数据驱动的个性化生产、营销及盈利模式。

2.高度创新的工业技术

创新是大数据产业发展的基石。面对海量的数据，企业如何高效地获取、存储、集成并服务于用户，是当前大数据产业面临的重要挑战。这要求大数据产业技术持续革新，具体的措施包括：优化大数据的去冗去噪技术；实现高效、低成本的大数据存储与高效融合；提高非结构化与半结构化数据的高效处理能力，以及面向不同行业的大数据分析工具与开发环境的持续优化与创新，从而实现大数据的高效、优质、个性化服务。

3. 智能化工业决策

大数据产业已成为推动企业智能决策发展的先导力量。首先，工业决策正逐步实现智能化；其次，大数据产业为智能工业决策提供数据、技术和管理平台支持。随着大数据产业的快速发展，分布式计算等技术驱动生产组织朝去中心化、扁平化、自组织性的方向发展，促进了劳动力和资本的深度融合，推动了决策的智能化和科学化。

4. 个性化的行业服务

采用投资和分析数据的公司相较于未使用数据分析工具的公司，增长率高达49%，而通过量化个人化的网络销售达到了19%的增长率。因此，大数据分析已成为大数据产业实现个性化服务的重要工具。这些行业通过深入挖掘用户兴趣偏好，根据用户的个性化需求提供定制化的产品和云推荐服务，提高产品质量，满足用户更高层次的需求，从而获取更大的经济效益。

（二）大数据的价值分析

1. 大数据能够帮助企业进行数据分析

大数据助力企业分析海量数据，挖掘市场机遇。形成优秀产品概念的关键在于精准收集消费者信息，预见未来趋势；创新解构消费者生活模式，研发符合其未来生活方式的产品；了解消费者"密码"，洞察其真实需求。

通过大数据分析，企业能够发现新的顾客群，识别最佳供应商，推动产品创新，并洞察销售季节等信息。在数字革命时代，企业营销人员面临的最大挑战在于如何精准定位产品用户，并在多维时空内洞察用户需求。从过去单一或分散的交流模式，到如今即时解决问题的交流方式，企业不仅能建立买卖关系，更能深化伙伴间的信任，形成互利共赢的关系。

大数据的高密度分析极大地增强了企业数据的准确性和时效性。它能够帮助企业通过海量数据分析，深入挖掘、细分市场中的机遇，缩短产品研发周期，提高在商业模式、产品和服务方面的创新能力。因此，大数据不仅可以帮助企业发现新的市场机遇，还可以优化企业资源配置，助力企业制定精准销售策略，以调整市场营销战略，降低经营风险。

企业基于互联网用户的访问行为偏好，为其绘制"数字剪影"，为具有相似特性的用户群提供精准服务，满足用户的个性化需求，降低企业与终端用户的沟通成本。例如，一家航空公司对从未乘坐过飞机的乘客表现出浓厚的兴趣，根据对这部分人群进行了细分（如态度、收入能力等），最终航空公司将目标锁定在对飞行有信心且收入较高的潜在乘客，通过为他们量身定制精准营销策略，取得了显著成效。

2.大数据能够提升企业的决策能力

目前，企业管理者常倾向于依赖个人经验和直觉做出决策。然而，大数据正为各行各业的用户提供前所未有的、精准的商务决策，从而使得企业能够创造出更为显著的商业价值。尽管不同行业具有独特的业务模式和管理形态，但从数据获取、集成、加工、综合应用、服务推广以及数据处理的生命线流程来看，各行业的模型实则大同小异。

以大数据为基础的决策展现出以下显著特征：

（1）从量变到质变：随着数据被广泛挖掘，信息的完备性持续增强，基于信息的理性决策的规模迅速扩大，而盲目决策则显著减少。

（2）技术与知识性的提升：云计算的兴起使得海量数据得到了有效利用，生成了极具价值的决策信息。

（3）新的挑战和机遇：大数据决策带来了前所未有的挑战与机遇。

若在行业间构建特定的数据资源体系，进行数据加工，将当前数据与历史数据、关键指标相结合，实现业务数据向管理数据的转化，将极大地支持企业领导的决策，实现数据向知识的有效转化。这种数据资源体系对于管理和决策具有极高的适用性。

从宏观视角看，大数据可以助力经济决策者精准把握经济动向，科学制定并执行经济政策；从微观视角看，大数据则能显著提升企业的管理决策水平和管理效率，推动技术创新，为企业的持续发展提供保障。

3.大数据能够为企业提供个性化服务

从个体视角出发，大数据为个性化医疗服务赋予了新的活力。通过手机或移动网络，个体的身体机能可以得以实时监测，一旦有感染或不适迹象，手机会迅速发出预警，并自动将信息同步至健康数据库或向专业医生咨询，从而确保患者能够及时获取个性化的治疗方案。

在过去，医生仅能根据病人当前的情况判断病人的健康状况。然而，在大数据的助力下，未来的治疗策略能够深入分析病人的历史数据，结合基因变异、疾病易感性和药物反应等因素，实现真正意义上的个体化治疗。更重要的是，大数据还能够在症状显现之前进行早期诊断。通过早期诊断和早期治疗，能够显著降低疾病对医疗体系造成的负担，从而降低治疗成本。

4.大数据推动智慧和谐社会的建设

近年来，我国"智慧城市"的建设势头强劲，持续深入。智慧城市的概念横跨多个领域，其中智慧安全、智慧电网、智慧交通、智慧医疗、智慧环保等无一不依托大数据的支撑。

在交通领域，大数据发挥着至关重要的作用。它通过收集公交地铁的刷卡数据、收费站信息、摄像头监控等资料，深入分析和预测出行交通规律，进而优化公交线路设计，调整发车的密度，实施精准的交通指挥与控制。此举不仅有效解决了交通拥堵问题，更合理地减轻了城市的交通压力。

在医疗领域，大数据同样展现出其独特的价值。一些省市正积极推行病历档案的数字化，并将其与临床医疗数据和患者的体征数据相结合，为远程诊疗、医疗研究与开发提供了强大的数据支持。同时，大数据与保险数据的结合也为商业和公共政策的制定提供了有力依据。

随着智慧城市建设的不断深入，政府对大数据的应用已进入实质性建设阶段，不仅有效推动了大数据市场的需求，也带动了当地大数据产业的蓬勃发展。

如今，大数据在各领域的应用价值已逐渐显现，成了推动社会进步的重要力量。

5.大数据能够用来描述数据价值

通常情况下，描述性数据以标记形式呈现，对于数据的预处理是数据从业者日常工作的核心环节之一。例如，一家公司的年营业收入、利润、净资产等都属于描述性数据。在电商平台公司的日常运营中，描述业务的数据主要包括交易额、成交用户数、网站流量、成交的卖方数量等，这些数据能够直观展现企业的业务状态，从而判断交易活动是否正常。

对于特定的业务人员而言，描述性数据有助于他们更好地了解商业活动的进展，使日常商业活动变得清晰透明。而对于管理人员来说，持续关注商业数据不仅能帮助他们深入了解业务发展，还能促进他们做出明智的决策。

数据分析是描述数据价值的关键手段。数据分析能在繁杂的数据中提炼出核心要点，使用户迅速掌握企业的运营状况，同时洞察更详细的数据细节。数据分析框架是数据分析员的基本素养，它基于对数据的深刻理解，将数据归类并有逻辑地呈现出来。通常，优秀的数据分析员都具备出色的数据分析框架构建技巧。

6.大数据能够体现时间价值

大数据显著的特点在于其能够从浩如烟海的历史数据中提取出有价值的信息。大数据应用的核心价值在于其时间价值，通过对时间维度的深入剖析，我们可以精准地洞察用户对特定场景的偏好。一旦掌握了用户的喜好，商家便能更有针对性地为用户推荐产品，从而增强用户满意度和购物体验。

7.大数据能够进行价值预测

数据的预测价值主要体现在两大方面：第一，数据的预测价值能为单品销售提供前瞻性的洞察，例如在电子商务领域，任何能够产生数据的商品或服务都具备潜在的预测价值，这些数据有助于我们更精准地推荐商品。第二，预测数据还能对企业的整体经营状况进行预判，为企业制定和调整经营战略提供有力支撑。

在当前的电商生态中，无线业务占据着举足轻重的地位。对于新兴的无线业务而言，每日活跃用户数不仅是衡量业务活跃度的关键指标，更是评估无线团队绩效的重要依据。作为无线团队的领导者，如何准确判断当前运营状况与目标之间的差距，成为摆在我们面前的一大挑战。

为解决这一问题，企业需要充分利用预测数据。具体而言，可以将活跃用户细分为新增用户和留存用户两大指标，深入分析这两个指标对业务目标的贡献程度。在此基础上，针对这两个指标，制定相应的产品战略，并将总体目标进行拆解，实现日常化的监测与调整。这类数据不仅能帮助企业更好地把握市场脉搏，还能为企业整体的商业战略决策提供有力支持。

二、大数据的应用领域

（一）在物流领域的应用

智能物流，也称智慧物流，它通过智能化技术，赋予物流系统以人类的智慧。智能物流作为大数据分析的常用方法之一，融合了大数据、物联网、云计算等前沿技术。该系统能够像人类一样思考、感知、学习和推理判断，并自主解决物流中的各类问题，从而实现对物流资源的最优调度和高效分配，提升整个物流体系的效率。

智能物流的概念源于IBM在2010年发布的《智慧的未来供应链》一书。该书通过对全球供应链管理者的深入调查，揭示了成本控制、可视化程度、风险管理、客户要求日益严格和全球化等五大供应链管理挑战。智能供应链以其先进性、互联性和智能化三大显著特征，应对了这些挑战。先进性体现在数据主要由感应、识别和定位装置自动生成，而非人工采集；互联性则体现在智能物流通过全面网络化实现客户、供应商、IT系统、零部件、产品和智能设备之间的紧密连接；智能化则体现在智能物流通过模拟与分析，协助管理人员评估风险，实现自动学习、预测和决策。

智能物流的发展经历了自动化、信息化和网络化三个阶段。自动化阶段实现了物流环节的自动化操作；信息化管理则实现了对现场信息的自动采集和筛选；网络化阶段则通过网络将信息传送至数据中心，实现对数据的动态调整和控制。

1. 智能物流的重要作用

（1）智能物流致力于物流的信息化与智能化升级。本项目涵盖了库存水平的精准设定、运输路径的优选、自动跟踪的精确控制、自动化分拣的高效操作，以及物流配送中心的智能管理等多个方面。

（2）为降低企业物流成本，提升运营效率，智能物流在交通运输、仓储设施、信息通信、货物包装、搬运等关键领域，对信息的交互与共享提出了更为严格的要求。通过引入超高频射频识别标签阅读器，人们能够迅速准确地识别货物的进出库状态；同时，借助 RFID 标签阅读器构建的智能物流分拣系统，不仅提升了生产效率，还增强了系统的可靠性。

（3）借助物联网的前沿技术，实现了对分布式仓储管理和流通渠道的深度整合。这一举措，在运输、存储、包装、装卸等多个环节，形成了一体化的管理模式，为顾客提供了更为高效、便捷的物流服务。

2. 智能物流的主要应用

目前，我国众多城市正在积极布局，在智慧港口、多式联运、冷链物流、城市配送等领域内，积极推动大型物流企业和物流园区的建设。同时，这些城市也在积极探索将射频识别技术、定位技术、自动化技术以及相关软件信息技术融入生产和物流信息系统中，通过对物联网技术的应用，实现对物流全过程的精准管理。此举旨在开发面向物流产业的公共信息服务平台，优化物流中心的网络布局，整合分布式仓储管理和流通渠道，从而降低物流环节的成本，简化流程，并显著提高物流体系的响应速度和效率。我国将进一步构建以卫星定位、视频监控、数据分析等为支撑的大型综合公共物流服务平台，为供应链物流管理提供全方位支持。

3.大数据是智能物流的关键所在

"黑大陆说"与"物流冰山说"作为物流领域的两大标志性理论,分别由现代管理学之父彼得·德鲁克和早稻田大学名誉教授、日本学术会议会员西泽修提出。德鲁克提出的"黑大陆说"强调了物流活动在流通过程中的模糊性,他认为物流领域是一个极具发展潜力的领域。西泽修提出的"物流冰山说"理论则形象地描绘了物流领域的深层复杂性,该领域如同冰山一般,大部分潜藏于水面之下,难以察觉,而这正是物流业未来发展的关键所在。这两种理论共同揭示了物流活动的模糊性和潜在性,为人们深入理解和把握物流行业的本质提供了有力的工具。

在物流行业的各个环节,如货物流转、车辆追溯、仓储等,都会产生海量的数据,这些数据蕴含着物流运作的深刻规律。借助大数据的支持,人们不再对物流"黑大陆"感到困惑,而是能够从中提炼出有价值的信息,为企业的战略规划、运营管理提供重要的支撑与指导。

大数据的引入不仅使人们能够更深入地理解物流运作的规律,还驱动着物流产业由粗放式服务向个性化服务转变。通过收集和分析物流企业内外部的相关信息,企业能够更准确地把握市场需求,提供更符合客户需求的个性化服务,从而改变整个物流业的经营模式,推动整个行业的持续发展和进步。

(二)在城市管理中的应用

大数据在城市管理中发挥着日益重要的作用,主要体现在智能交通、环保监测、城市规划和安防等领域。

1.智能交通

随着现代交通工具的日益普及,交通堵塞已成为亟待解决的严峻问题。各大城市纷纷聚焦智能交通系统,力求通过实时获取道路、车辆等信息,深入分析道路交通状态,发布精准的交通信息,从而优化交通流,显著提高了道路通行能力,有效缓解了交通拥堵现象。

智能交通系统集成了先进的信息技术、数据通信传输技术、电子感知技术等并将其广泛应用于整个地面交通管理之中，该系统是物联网、大数据、云计算等前沿技术的结合。在基础设施层，摄像头、感应线圈、射频信号接收器、信号灯、诱导板等设备构成了该系统的核心，它们能够实时采集道路、车辆等多元化信息，并即时展示可供选择的诱导信息。

平台层则负责对感知层收集的信息进行存储、处理和分析，为上层应用提供坚实支撑。平台层涵盖了网络中心、信号接入和控制中心、数据存储与处理中心、设备维护管理中心、应用支撑中心以及查询服务联动中心等多个重要组成部分。应用层则包含了卡口监控、交通信息发布、交通信号控制、指挥调度、辅助决策等一系列功能，为城市交通管理提供了全方位的解决方案。

城市中无处不在的智能交通设施，如摄像头、感应器、无线射频接收器等，产生了海量的感知数据，构成了智能交通大数据的基石。以公交管理为例，北京、上海、广州、深圳、厦门等主要城市已建立了完善的公交管理体系，并将所有行驶在道路上的公交、出租车纳入监管范围。通过安装在车辆上的GPS定位装置，系统能够实时获取每一辆车的当前位置，并根据实时路面状况，计算出最优的车辆调度方案，发布调度信息，引导车辆合理控制到达和发车时间，从而实现对运力的合理配置和交通运输效率的提升。

对于乘客而言，只需在手机上安装"掌上公交"等App，即可随时查看每条公交线路和公交车的实时位置信息，有效地减少了乘客的等待时间。此外，有些城市的公交站台上还安装了电子公交站牌，能够实时显示经过该站点的所有公交车的当前到达位置，极大地增强了公交出行的便捷性，尤其对于不会使用手机的中老年人群体而言，更是为他们带来了极大的便利。

2.环保监测

环保监测包括森林监视和环境保护。森林作为地球不可或缺的"绿肺"，不仅拥有调节气候、净化空气的功能，还在防风、防洪、水土保持等方面扮演着至关重要的角色。然而，全球范围内每年都有大量的森林因自然灾害和人为活动而遭受破坏。林火，作为其中最具破坏性的因素之一，对森林的威胁较大，甚至可能导致毁灭性的后果。同时，人类的乱砍滥伐行为也使得某些地区的森林资源急剧减少，对生态环境构成了严重威胁。

为了有效保护森林资源，世界各国和各地区纷纷建立起包括地面巡逻、望哨、空中巡逻、视频监视、卫星遥感等在内的多元化森林监测系统。随着数据科学的飞速发展，大数据在森林监控领域的应用也日益广泛。以谷歌森林监控系统为例，该系统结合了谷歌搜索引擎提供的时间解析度和美国国家航空航天局、美国地质调查局提供的空间解析度，通过卫星可见光与红外线资料，绘制出详细的森林影像。这些影像中的每一个像元都承载着色彩、红外信号等关键信息，一旦森林遭到破坏，相应的像元信息便会发生变化。因此，通过对这些像元信息的跟踪监测，系统能够实现对森林变化的有效监控，并在大面积森林遭受砍伐或损毁时自动发出预警。

在环境保护领域，大数据同样发挥着不可或缺的作用。通过收集各种环境质量指标的信息并将其整合到数据中心，大数据技术能够协助我们制订更为精准的环境治理计划，从而显著提高环境治理的效果。大数据在环境保护中的应用优势在于，它能够实现全天候的连续监测，并可以通过可视化技术将环境数据分析的结果及治理模式以三维形式展示出来，为环境保护决策提供有力支持。

此外，一些城市还将大数据应用于对机动车尾气污染的治理。机动车尾气已成为城市大气污染的重要来源之一。为了有效控制机动车的尾气排放，我国各级政府高度重视对机动车尾气污染数据的收集与分析工作。

3.城市规划

大数据深刻影响着城市规划模式，使得城市规划者对测绘数据、统计数据及产业数据的依赖程度日益加深。

目前，城市规划者已能通过多种渠道获取这些基础数据，并为城市规划提供坚实依据。随着政府信息公开的不断推进，政府层面的数据逐渐面向社会公众开放；同时，国内外的数据开放组织如开放知识基金会等，均积极致力于数据开放共享工作。此外，数据共享平台的出现，极大地促进了数据供应商与用户之间的交流。

城市规划研究者综合运用政府、产业、社会网络、地理、车辆轨迹等多层次的数据进行规划研究。他们通过这些数据开展了一系列研究，还对全国主要城市进行了人口数据合成与生活质量评估、大气污染暴露评估、主要城市都市区范围划定、城市群发展评估等方面的深入研究。

在此基础上，研究者们进一步探讨了城市居民的出行特征、人群行为特征、人群特征识别、重大事件影响分析以及规划实施效果评价等方面。该项目计划以移动电话呼叫数据为基础，深入研究城市连通性、居民属性、活动关系以及它们对城市交通的影响。通过社会网络数据，人们可以对城市功能区划、城市网络活动和等级、社会网络系统等方面进行全面分析。此外，利用出租车位置数据进行城市交通调查，也具有一定的现实意义。该项目还计划以搜房网提供的房屋销售与租赁数据为基础，结合网络爬虫技术，对某一区域的住宅空间分布及品质进行评估，为规划人员优化城市居住空间布局提供有力指导。

4.安防领域

随着网络技术在安防领域的广泛普及，高清摄像头在安防领域的应用越发广泛，工程建设规模持续扩大，导致海量的视频监控数据以惊人的速度不断产生。例如，全国众多城市正积极推进平安城市建设，成千上万的摄像头遍布城市的各个角落，全天候、不间断地收集视频监控数据，其庞大的规模令人难以想象。

在安防领域中，除了视频监控数据，还存在大量的结构化、半结构化及非结构化数据。结构化数据涵盖了报警记录、系统日志、运行维护数据记录，以及诸如人口信息、地理数据信息等多种相关信息数据库；半结构化数据主要包括面部造型、指纹等；而非结构化数据主要指的是视频录像和图像记录，如监控视频、报警视频、车辆卡口视频、人脸抓拍视频等。这些数据共同构成了安全大数据的坚实基础。然而，以往视频数据的价值并未得到充分发挥，跨部门、跨地区的网络共享尚显不足，视频检索主要依赖手工方式，效率低下且效果不佳。

大数据安全的核心目标在于实现跨地区、跨领域的安全系统联网，进而达到数据共享、信息披露、信息分析和预测及报警的智能化。该项目以视频监控分析为应用背景，深入研究海量视频数据的统一转码、摘要处理、视频剪辑、特征提取、清晰化、模糊查询、快速检索与精确定位等技术，旨在实现对海量视频监控数据的深度挖掘与快速反馈，从而为相关部门的决策提供有力支持。

（三）在金融行业的应用

金融作为一个数据驱动型产业，同时也是数据的生产者。在日常运作中，无数交易记录、实时报价、详尽的业绩报告、深入的消费者研究报告、权威的官方统计报告、精确的调查报告以及最新的新闻报道等源源不断地涌现。这一行业对大数据的依赖程度极高，大数据的广泛应用已成为推动金融创新的重要动力，包括但不限于高频交易的高效执行、市场情绪的精准分析，以及信用风险的深度剖析等。

1.高频交易

高频交易，即利用计算机进行的一种极短暂、人力难以企及的交易方式，它主要聚焦于证券买卖价格的微小差异或股票在各交易所间的细微差价。然而，随着高频交易策略的广泛采用，其带来的收益已开始显著下滑。为了寻求更高的收益，一些金融机构开始运用大数据技术进行决策。例如，通过"策略序贯交易"，一些机构能够利用金融大数据识别特定市场参与者的交易模式，并预测其后续交易行为，进而通过调整交易策略，使对方付出更高的成本进行交易，从而获取利润。这种利用大数据技术的策略使得金融机构在竞争激烈的市场中能够保持领先地位。

2.市场情绪分析

市场情绪，即市场参与者对市场整体态势的集体感知与情绪表达，涵盖了交易者对经济前景的乐观或悲观预期，以及新发布经济指标所引发的市场涨跌预期等。这种市场人气在金融市场中扮演着关键角色，主流的市场观点往往决定着当前市场的总体动向。因此，对交易者而言，市场情绪分析至关重要。随着大数据的不断发展，大数据技术已为市场情绪分析提供了强大的支持。

在移动互联网的广泛普及下，几乎每一位市场交易的参与者都能借助智能手机、平板等智能移动终端实时获取外界信息，并通过博客、微博、微信、个人主页、QQ等社交媒体平台分享自己的市场观点，这已成为一种新的传播与营销策略。海量的社交媒体数据成为市场情绪分析的重要资源库，通过大数据分析技术，人们能够提取出市场情绪信息，进而设计交易算法、制定交易策略，以获取更高的利润。例如，当遭遇自然灾害、恐怖袭击等突发事件或网络负面消息时，利用先进的交易算法迅速做出买卖决策，是大数据时代市场情绪分析的实际应用之一。

3.信用风险的分析

信用风险是指交易对方不履行到期债务的风险，是金融机构必须严肃对待的关键议题，它直接关系到金融机构的生存与繁荣。

在我国，中小企业数量庞大，是金融机构不可忽视的重要客户群体。然而，与大企业相比，我国中小企业在某些方面存在先天不足，具体表现为：贷款偿还能力较弱、财务体系不完善、信用等级偏低、逃废债现象频发、银行维权困难，以及企业内在素质普遍不高、生存能力较弱等导致难以准确评估实际运营状况的现象。

因此，与大型企业相比，金融机构在面向中小企业贷款时面临的风险显著增大。由于成本、利益与风险的不对称性，银行更倾向于向大企业提供贷款。据估算，银行向小企业发放贷款的成本平均比大企业高出5倍，且风险也相应增大。这种风险与收益不成正比的情况，使得金融机构对中小企业的贷款持谨慎态度，这无疑限制了中小企业的发展，进而对经济和社会的整体发展产生不利影响。

然而，若能有效提升风险的可控性和管理水平，进行精细化管理，将为金融机构和中小企业带来全新的发展机遇。目前，大数据技术已成为企业信用风险分析的有力工具。通过对海量中小企业用户的日常交易数据进行采集与分析，金融机构能够更准确地判断其业务类型、经营状况、信用状况、用户定位、资金需求以及行业发展趋势，从而解决因财务制度不完善而无法全面了解其真实经营状况的难题。此外，对于个人贷款申请人，金融机构还可利用社会网络数据获取其个人信用评分，为贷款决策提供更全面的参考。

（四）在汽车行业的应用

无人驾驶技术的兴起，彻底解放了驾驶者的双手。在无人驾驶领域，谷歌扮演着领航者的角色。自 2009 年起，谷歌便开始了对无人驾驶技术的深入探索，并于 2014 年 4 月宣布其无人驾驶汽车已具备在高速公路上自如行驶的能力，尽管目前，无人驾驶汽车依旧无法应对复杂的城市道路环境。

为适应这一新兴技术，英国正在修订高速公路法，以接纳无人驾驶车辆上路；同时，美国加利福尼亚州汽车管理局也计划发放首张无人驾驶牌照。谷歌的无人驾驶系统拥有卓越的监测能力，可同时追踪上百个目标，包括行人、公交车、左转的自行车骑手以及举着"停"字招牌保护学生过马路的人员。

那么，谷歌无人驾驶汽车是如何实现这一功能的呢？据悉，安装在无人驾驶汽车车顶的扫描仪可以发出 64 道激光束，当这些光束接触到周围物体时，便会被反射回来，进而计算出物体与汽车之间的距离。此外，车辆底部配备了一套测试系统，能够测量三个方向的加速度和角速度，并与 GPS 数据结合，对车辆进行精确定位。所有数据，连同车上摄像头捕捉到的图像，都会被输入电脑中，由大数据分析系统进行高速处理。无人驾驶系统不仅能够实时检测周围物体，还能使不同车辆之间互相沟通，了解附近车辆的行驶速度、方向、车型和驾驶水平等信息。基于行为预测模型，该系统能够迅速对附近车辆的突然转向和刹车行为做出反应，确保车辆安全行驶。

为了实现无人驾驶的愿景，谷歌无人驾驶汽车配备了多种传感器，如雷达、车道保持系统、激光测距仪、红外线摄像机、立体视觉系统、GPS 导航系统和车轮角编码器等。这些传感器每秒可产生高达 1 GB 的数据，每年累积的数据量约为 2 PB。

随着无人驾驶技术的不断进步，车辆将配备更多红外线、摄像头、激光雷达等设备，产生的数据量也将持续增长。通过大数据分析，无人驾驶系统将能做出更加智能化的驾驶决策，形成比人类驾驶更为安全、舒适、节能和环保的出行方式。

（五）在零售行业的应用

大数据在零售行业中的应用主要包括发现关联购买行为、客户群体划分和供应链管理等。

1. 发现关联购买行为

在探讨大数据在零售业中的影响力时，一个经典的营销案例——"尿布与啤酒"不可忽视。这一策略在沃尔玛连锁超市中得到了生动的展现，并持续受到商业界的广泛赞誉。在这个案例中，尿布和啤酒的联合销售不仅未显突兀，反而带来了双方销售量的显著增长。

在这一现象背后，其实是基于对美国消费者日常购物行为的深刻理解。考虑到许多美国家庭中，女性通常负责照顾孩子并会嘱咐丈夫在下班途中为孩子购买尿布。而当男性进入超市购买尿布时，他们很可能会顺手为自己挑选几瓶啤酒。沃尔玛连锁超市敏锐地捕捉到了顾客的这一潜在需求，将尿布和啤酒进行联合陈列，有效激发了男性的购买欲望，从而实现了两种商品销量的双赢。

在这一案例中，大数据技术的运用起到了至关重要的作用。沃尔玛连锁超市拥有全球最大的数据仓库，积累了海量的交易数据。通过对购物篮数据的深入分析，沃尔玛连锁超市能够精准地洞察消费者的购物习惯。根据数据分析与实地考察，沃尔玛连锁超市发现美国部分年轻父亲在购买婴儿尿布时，有高达三至四成的比例会同时购买啤酒。基于这一发现，沃尔玛连锁超市将尿布和啤酒进行联合销售，最终实现了两种商品销量的显著提升。这一看似不相关的商品组合，通过大数据分析可以发现它们之间的潜在联系，并将其成功转化为实际的销售策略，取得了令人瞩目的效果。

2.客户群体细分

《纽约时报》曾刊登过一篇关于 Target 百货公司成功推广母婴用品的报道，该事件在行业内引发了广泛的关注，并再次证明了大数据的强大力量。众所周知，孕妇在零售行业中占据着举足轻重的地位，她们不仅是重要的消费群体，更被视为潜在的高端消费群体。在怀孕的各个阶段，从准备怀孕到分娩，孕妇们都需要购买各种商品，如保健品、无香味护手霜、婴儿尿布、爽身粉、婴儿服装等，这些需求具有稳定性。

因此，对于母婴用品零售商而言，若能提前获取孕妇的信息，并在孕早期进行有针对性的产品宣传，将为企业带来巨大的利润潜力。由于美国的出生证是公开的，商家将面临大量的竞争对手，若等到孩子出生后，再进行产品推广就会为时已晚。因此，如何准确识别出孕妇客户群体成了一个亟待解决的关键问题。

然而，用传统的方法，在寻找消费者时往往需要耗费大量的人力、物力和财力，使得这种细分市场的开发变得没有商业意义。面对这一难题，Target 百货公司选择了借助大数据技术的力量。他们为每位顾客分配了唯一的 ID 号码，并将顾客在店内的各种行为，如刷信用卡、使用优惠券、填写问卷、退单、拨打客服电话、打开广告邮件、访问官网等，都纳入了大数据系统中。

为了更全面地分析客户群体的特征，Target 公司还购买了其他有关机构提供的顾客资料，如年龄、婚姻状况、子女情况、家庭住址、收入情况、搬家记录、信用卡数量、浏览习惯、种族、就业史、阅读习惯等。基于这些海量数据，Target 公司借助大数据分析技术，深入挖掘了客户更深层次的需求，实现了更精准的营销。

Target 公司通过数据分析，发现了一系列典型的购买行为，这些行为可以有效地判断一个消费者是否已经怀孕。例如，在怀孕初期，很多孕妇会购买大量无香味的护手霜；而在怀孕前 20 周，孕妇则倾向于购买大量的保健品，如钙、镁、锌等。基于这些数据分析，Target 公司筛选出了 25 种典型产品的消费数据，并构建了"妊娠预测指数"，实现了对客户怀孕的精准预测。

当其他商家还在漫无目的地发送广告寻找目标人群时，Target已经锁定了孕妇顾客群，并向她们发送了精准的怀孕产品广告。同时，Target公司也意识到，一些孕妇可能并不希望过早地暴露自己的怀孕情况。因此，他们采取了一种隐蔽的营销方式，将孕妇产品的广告与其他无关产品的广告混在一起发送，使消费者难以察觉。这种潜移默化的营销手段使很多孕妇成为了Target的忠实顾客，而许多竞争对手则在不知不觉中流失了大量潜在顾客。Target公司通过大数据技术成功地锁定了孕妇市场，并获得了巨大的市场收益。

3.供应链管理

亚马逊、联邦快递、沃尔玛等行业领军企业已经领略到了大数据带来的巨大价值。凭借大数据，它们能够实现对供应链的控制，对库存状态、订单完成效率以及材料和产品的配送动态有着更为详尽的了解，从而实现对供需关系的精准调控。在此基础上，通过对大数据的深入分析，这些企业能够提出针对性的营销方案，优化销售渠道，完善供应链策略，进而提升竞争优势。

例如，美国最大的药品交易商麦克森公司也在大数据应用方面展现出了领先地位。凭借先进的运营系统，该公司每日能够追踪并分析高达两百万份的订单，并监管着超过八十亿美元的库存。此外，该项目还构建了一套针对在途库存管理的供应链模型。该模型基于产品线、运输成本以及碳排放等信息，为企业提供了极其精确的维修成本，使得企业能够随时掌握运营状况，从而做出更为明智的决策。

（六）在餐饮行业中的应用

大数据在餐饮行业得到了广泛的应用，包括大数据驱动的团购模式以及利用大数据为用户推荐消费内容、调整线下门店布局和控制人流量等。

1.餐饮行业的大数据

随着餐饮业间竞争不断加剧，不仅餐饮业的利润率在不断降低，而且经营与发展的难度也越来越大。

在各国，餐饮业都面临着严峻的挑战，同时，受房地产泡沫的影响，商铺租金持续飙升，运营成本居高不下，使得众多餐饮企业陷入了经营困境。为了应对这一局面，全球各地的餐饮公司纷纷借助大数据的力量，深入了解顾客偏好，并据此优化食品和服务，从而获取竞争优势，实现收入的稳步增长。

2. 餐饮 O2O 模式

餐饮 O2O（Online To Offline）模式旨在无缝整合线上线下资源，构建以数据驱动的闭环运营模式，据此构建一个集在线订餐、点菜、支付、评价等功能为一体的平台，该平台还应具备根据消费者行为进行精准宣传与推广的能力。

O2O 闭环流程的核心在于两方面的引流：一是引导线上用户到线下实体店消费，体验真实的餐饮服务；二是鼓励用户在线上发表对餐饮体验的评价，与其他网友互动，共同为餐饮服务和菜品改进提供宝贵建议。这两者的成功结合，形成了完整的闭环运作模式。

大数据在 O2O 闭环模式中扮演着重要的角色，为餐饮企业带来实实在在的利益。首先，大数据驱动的团购模式有效聚集了大量网络团购用户；其次，通过大数据分析，能够精准地向用户推荐合适的消费内容；最后，大数据还助力优化线下门店布局，可以有效控制客流量。

腾讯、百度、阿里作为国内互联网领域的三大巨头，在社区、搜索、网购等领域占据主导地位，普通用户的生活已深度融入这三家企业的产品和服务之中。无论是日常沟通、搜索信息，还是网购商品，人们的活动轨迹已广泛留痕于网络之上。这三大企业依托庞大的用户数据资源，正积极构建智能化的数据平台，以实现数据的商业价值。通过分析海量的用户数据，这些企业能够精准把握用户的消费习惯，提前推荐相关餐厅，从而在用户尚未形成明确消费意向之前，为其提供丰富的选择。

（七）在能源行业的应用

种种资料均显示，人类正面临日益严峻的能源危机。为应对这一危机，人们开始积极寻找可替代化石能源的新能源，其中风能、太阳能、生物质能等可再生能源逐步成为电能变换的重要供给来源。然而，相较于传统的化石能源，新能源仍面临一些挑战。

传统化石能源在输出功率上较为稳定，且空间分布较为集中。相较之下，新能源的输出功率波动较大，地理位置较为分散。例如，风力发电机多分布于沿海、草原、沙漠等地域，发电量的高低受风力大小的直接影响，设备故障检修期间亦无法发电，因此难以提供稳定可靠的电力。传统电网以稳定输出为主，对于新能源的接纳能力有限。为解决这一问题，智能电网应运而生。它旨在改造传统电网结构，以满足大规模新能源的消纳需求，同时确保传统电网的供电、用电需求。智能电网基于一体化、高速的双向通信网络，综合运用先进的感知与测量技术、设备技术、控制方法和决策支持系统技术，确保电网的可靠、安全、经济、高效、环保运行。

智能电网的发展离不开大数据技术的支持。大数据技术作为智能电网的技术基础，对电网规划、技术变革、设备升级、电网改造以及设计规范、技术标准、运行规程甚至营销政策等方面均产生了深远影响。电网全景实时数据采集、传输与存储，以及海量多源数据的快速分析，是保障智能电网安全、绿色、稳定、可靠运行的关键技术。

随着智能电网中大量智能电表和智能终端设备的投入使用，电力企业能够定期获取用户的用电信息，收集到更为细致的用电数据，形成智能电网用户大数据。例如，通过提升智能电表数据采集的频率，电力企业能够更精准地了解用户的用电行为，优化短期电力负荷预测系统，对未来电网需求电量、用电高峰与低谷进行预测，从而合理设计电力需求响应系统。

此外，大数据在风力发电机组选址中也发挥着重要作用。IBM 通过收集海量的气象和环境数据，设计风力发电机选址模型，确定风力发电机的安装位置及风力发电场整体布局的最优位置，从而提高风力发电机的生产效率，延长风力发电机的使用寿命。在大数据的帮助下，原本需要数周才能完成的分析工作，现仅需不到一小时即可完成。

（八）在日常生活中的应用

大数据已深刻改变了人们的生活。在信息化浪潮中，人们的每一个动作、每一句话都被转化为数据，这些无处不在的数据碎片，汇聚成通话、聊天、邮件、购物、旅行、住宿、生理指标等详尽记录，共同构筑了个体的"大数据肖像"。

个人大数据作为"数据宇宙"中的虚拟镜像，与现实中的个体紧密相连，互为映照。个体在现实世界的每一个行为，都会以数据的形式在数据宇宙中留下痕迹，不断丰富和完善这一虚拟镜像。因此，深入剖析个人大数据，能够更全面地了解与之对应的自然人，洞察其生活模式、行为习惯。

三、大数据的发展战略

（一）加强大数据人才培养

随着大数据产业的蓬勃发展，人们对大数据的需求已由差异化转变为对信息管理实践与技术的高度依赖。大数据人才的需求在各地、各行业均呈现激增态势，人才短缺已成为制约行业发展的瓶颈。缺乏大数据技术支撑的公司将面临时代的淘汰。在激烈的人才竞争中，发展机遇丰富的地区更能吸引人才。因此，企业必须勇于创新，积极制定政策，以吸引和留住大数据人才，并为其提供必要的政策支撑。

首先，整合教育资源，建设人才培养基地。在大数据人才培养的过程中，应充分利用各类教育资源，研发大数据关键领域的核心技术，并建设一系列人才培训基地，构建系统化的人才培养体系。从长远来看，大数据人才培养的关键在于国家重点大学和研究机构的培育与输送，大数据人才培养应致力于培养一支具备指挥能力、数据采集能力、数学算法与软件应用能力、数据分析能力、预测分析能力、营销应用能力以及管理能力的复合型"数据科学家"。为实现这一目标，可采用多样化培养模式，支持高校开设大数据相关学科和专业，培养大数据技术与管理人才；支持高职院校发展大数据职业教育，培养高技能人才；同时，鼓励高校及研究机构针对大数据产业的相关技能，对在职员工开展专业培训，缩短人才培养周期，满足大数据产业对人才的需求。

其次，以竞赛为平台，吸引优秀人才。通过举办具有国际影响力的标准化竞赛，吸引国内优秀人才与团队，推动大数据产业的快速发展。同时，培养大数据领域的创新领军人才，吸引国外高层次大数据人才来中国工作和创业。在大数据人才培养方面，应构建与大数据发展需求相适应的人才培养与评估体系，形成多层次、多类型的大数据人才培养体系。

（二）加快推进政府数据资源建设

随着信息化和互联网的迅猛发展，我国已迈入"大数据时代"。企业作为大数据应用的先驱者和直接受益者，已成为数据生产、分析和交流的主要力量，催生了数据设计、制造、营销等一系列创新产品。市场在大数据资源配置中发挥着决定性作用，企业间、企业与国家间的数据共享与协作，不仅提高了企业的运营效率，挖掘了数据潜力，还增强了政府统计部门的数据收集能力，构建了更为全面、客观、及时的基本单位名录库，优化了调查总体，缩短了数据采集周期，减轻了调查对象的负担，从而显著提升了统计工作的效率与准确性。

通过政府的引导，鼓励具备资源、技术、经验的专家投入大数据的应用和开发，对推动企业转型升级和良性发展，以及促进现代服务型统计工作的建设具有举足轻重的意义。国家正积极研究大数据应用策略，为数据的抽取、存储、分析、共享及可视化提供了坚实基础。

大数据已上升到国家战略性资源的高度，政府作为其核心生产者和所有者，应积极挖掘其潜力。加快政府与私人数据的开放共享，不仅能产生巨大的经济社会价值，还能树立典范，释放政府数据价值，推动数据产业的市场化进程。

大数据应用的关键在于统一数据资源标准，因此需要大力推进大数据统一标准的制定，并加快大数据技术标准、分类标准、数据标准的建立和完善。解决"数据孤岛"问题的核心是数据标准的统一。该项目针对行政记录、商务记录、网络信息等数据特征，研究不同数据口径的衔接与融合，为大数据的开放、共享和充分利用奠定坚实基础，推动大数据开发和利用朝更加科学、统一、规范的方向发展。

此外，政府应以深化行政体制改革为契机，加快政府数据资源的开放共享，鼓励企业等民间组织将大数据提供给政府统计部门，以更好地服务社会公众。当前，应积极推进与大数据应用相关的法律法规的制定，创新行政管理方式，为大数据用户营造更加良好的法治环境，提升数据产业资源配置的效率，并切实保护各方的合法权益。

（三）保障大数据的安全

1.对数据的加密和防护

大数据的迅猛发展离不开对数据损失的全面考量。在信息化浪潮的推动下，数据安全问题越发凸显，这对加密技术的灵活性和针对性提出了前所未有的挑战。为此，透明加密技术应运而生。它巧妙地融合了对称算法与非对称算法的优势，不仅极大地增强了数据加密的灵活性，还确保了数据的安全性。

高度灵活的处理方式，正是确保大规模数据安全性的关键所在。值得一提的是，透明加密技术使得大数据加密的过程几乎不被人感知，且该技术根植于系统内核，拥有出色的兼容性。在对大数据安全性的考量中，数据本身的安全是至关重要的。因此，采用一款功能全面、针对性强的加密软件就显得尤为重要。这样的加密软件如同哨兵一般，为大数据的发展提供了坚实的保障。

2.大数据与关系型数据库

大数据与关系型数据库尽管表面相似，实则大相径庭。首先，它们在实时性与数据量处理上存在差异；其次，两者所依赖的分布式体系结构迥异，这也是影响数据安全的关键因素；最后，大数据的存储与查询机制与关系型数据库截然不同，大数据的存储与查询需要对多元化的网络会话进行精细协调。在大数据的背景下，许多传统的安全产品技术，如日志监控、数据发现和漏洞评估等，都已显得力不从心。因此，相关部门亟须从体系结构的层面重新设计安全工具，以确保其能够满足大数据背景下的安全需求。

3.大数据优化网络层的安全策略

在数据的安全开发过程中，数据结构化是一种高效且实用的策略。这种方法不仅优化了数据的处理与分类流程，还极大地增强了数据管理与加密的便捷性。因此，当遭遇非法入侵时，该系统能够迅速而准确地对数据进行识别，确保大量数据在使用前保持完整，进而提升系统的整体运行效率。然而，这一方法虽有效，却并未从根本上改变数据安全的根本模式。数据结构化无疑是当前安全模型发展的重要方向。

分层构造作为数据安全模型中的常规做法，仍需持续完善。与此同时，随着网络攻击数量的急剧增加以及云计算环境下攻击手段的日益隐蔽，现有的以端点为中心的安全模型已展现出明显的不足，给网络层带来了沉重的压力。因此，应当将网络层作为保障端点数据安全的重中之重。为实现这一目标，需要将数据结构化、智能化识别与局部系统监测机制紧密结合，仅允许正常数据在系统中流通。

4.大数据层面的安全策略

在大数据时代，数据不仅为企业带来了显著的经济利益，但同时也带来了诸多信息泄露的隐患，这些隐患在现实中频繁发生。尽管本地的安全保护系统看似完善且成熟，但在实际应用中却暴露出诸多不足。因此，急需调整安全保护策略，将内部监视功能纳入本地安全策略之中。为了防止人为破坏，应采用纯粹的数据模型，并强化各环节之间的协作。

在数据处理流程中，数据调用的风险尤为突出。为降低这一风险，必须进一步细化链路数据分割，并优化存储与缓存机制。数据存储作为整个流程的"终端"，其安全防护措施亟待加强，以适应大数据时代的严苛要求。这需要相关部门在存储隔离与数据调用之间制定更为精细的数据逻辑策略。

值得注意的是，在大数据领域，安全功能的开发资源相对匮乏，而在分析功能、易用性、可靠性等方面却投入了大量资源。此外，许多系统缺乏相应的安全产品，即使拥有资源，也难以有效应对常见威胁。特别是对于非关系型数据库和 Hadoop 等系统，现有的安全产品难以全面覆盖。因此，用户自行制定安全策略显得尤为重要。然而，局部的安全策略往往存在诸多未知风险，这就需要在系统开发过程中不断完善与优化。

5.个人层面的数据安全建议

首先，通过使用匿名的 IP 地址，可以有效防止网站收集和追踪书籍信息，因此要避免使用不支持 Do Not Track 要求的浏览器。

其次，数据加密至关重要。对于企业用户而言，这更是不可或缺的一环。而对于个人用户，当在网络上上传私密文件时，强烈建议设置加密密码，以此为用户的数据增添一层坚固的保护屏障。

除此之外，人们需要坚决拒绝不合理的要求，这一问题在手机用户中尤为突出。目前，部分手机应用，尤其是某些国产软件，对用户权限提出了超出实际需求的过分要求。此外，垃圾软件在后台运行时，会极大消耗硬件资源，严重影响手机的性能和用户体验。

最后，推荐使用超文本传输安全协议（Hyper Text Transfer Protocol over Secure Socket Layer，以下简称 HTTPS）浏览网页。HTTPS 是一种具备加密传输和身份认证功能的网络协议，其安全性远高于应用层协议（HyperText Transfer Protocol，以下简称 HTTP），从而有效增强了计算机和服务器之间信息传输的安全性。

（四）优化大数据治理的工作

第一，大数据治理是推动大数据服务创新与价值创造的关键驱动力。其核心价值在于持续开发创新的大数据服务，进而为企业、组织、政府及国家带来显著的商业价值与社会效益。通过对大数据体系结构、质量、标准、安全性等方面的全面优化与提升，大数据治理显著促进了大数据服务的创新，并创造了更为巨大的价值。

第二，建立科学、高效的大数据治理框架，是企业实现大数据管理与决策的重要保障。这一框架涵盖了大数据治理的策略、流程、组织架构和责任划分等核心要素，确保企业在大数据治理的业务规范范围内进行高效的数据管理。例如，通过统一定义分散在各个业务部门的数据，建立大数据管理系统，并对数据质量进行持续监督，企业能够确保数据的准确性和可靠性。同时，大数据治理框架还有助于协调各业务部门的目标与利益，为各业务部门提供更广泛、更深入、更可靠的数据支持，使企业的决策更加符合商业目标，更具前瞻性和效率。

第三，高效的大数据治理能够生成高质量的数据，提高数据的可信度，并降低数据的成本。为了实现这一目标，企业需要构建符合业务功能的数据治理规则、标准和流程，并在操作过程中严格遵循这些准则。有效的大数据管理能够确保数据的准确性和可靠性，增强数据的可信度；同时，通过减少冗余数据、提高数据质量和标准化程度，企业可以降低数据相关成本，提高运营效率。

第四，对大数据进行有效治理有助于加强对数据的合规监管与安全管控，从而降低风险。在大数据背景下，数据的安全和合规性成为企业不可忽视的重要问题。为了确保数据的安全性和合规性，企业需要遵循商业法律框架，开展大数据治理工作，并制定符合国家及行业标准的大数据治理政策与规则。此外，企业还需要实现主业务与跨业务功能间数据规范的统一，为合规管理提供统一的处理与分析环境。通过协同合作和有效治理，企业可以避免因违反相关法规、规范和标准而引发的安全风险。

第三节 大数据背景下云计算的功能与特点

一、大数据背景下云会计的应用

随着云计算、数据仓库、数据挖掘以及物联网技术的蓬勃发展，人、机、物的管控与管理正日益朝着信息化方向演进。在这一过程中，云计算模式为大数据的处理带来了前所未有的便利，通过"按需使用"与"按需付费"的服务模式，满足了企业多样化的数据处理需求。

在大数据背景下，企业面临着更高的应对策略与要求，这主要体现在数据分析能力的提高，以更精准地预测未来。这要求企业将信号转化为数据，将数据分析为信息，再将信息提炼为知识，最终利用这些知识推动决策和行为。

然而，海量数据的复杂程度增加了大数据处理的难度。为了从这些数据中挖掘出有价值的知识，为决策提供支持，需要人们对数据进行深层次的分析，而不仅仅只是生成简单的报表。只有在云会计平台的强大支持下，才能更有效地处理这些数据，从而提高公司财务决策的科学性。

（一）大数据下云会计的特点

云计算作为信息化社会蓬勃发展的产物，它引入为会计数据分析带来了革新，从而诞生了云会计。在会计信息系统中，云计算技术的应用极大地推动了企业会计信息化的进程。云会计以其强大的推动力，成为企业财务管理中不可或缺的一环。因此，如何将云会计有效地应用到企业财务中，是一个亟待解决的问题。

云会计的核心价值在于与企业的管理会计和财务决策紧密结合，使企业能够专注于经营管理，同时借助云会计将会计信息化的建设和服务外包，进一步推动了会计工作的高效发展。

云会计的运作涉及云服务提供商和企业用户两大主体。云服务提供商不仅可以为企业提供会计核算系统、管理信息系统、企业决策系统等全面的业务系统,还构建了云会计服务平台,如提供数据库服务、会计信息化开发应用等平台。企业用户则可以通过付费方式,享受这些专业的云会计服务。

(二)大数据背景下的云会计应用

在大数据背景下,云会计在推动企业会计信息化方面的优势越发显著。企业管理者凭借云会计的强大功能,得以对企业的业务信息与会计信息进行高效的梳理、深度融合、精准挖掘和全面分析,实现了财务与非财务数据的无缝集成,进而大幅提升了公司财务决策的科学性与精确性。

同时,借助主流的大数据处理软件工具,云会计不仅能够过滤掉来自企业内外繁杂的结构化与非结构化数据,还能基于庞大的历史数据积累,为企业做出科学合理的预测。此外,云会计还能充分利用这些海量的数据资源,将其融入企业的成本控制系统中,对企业生产成本的构成进行深入剖析,为企业实施有效的成本控制提供了坚实的决策支持。

(1)在大数据背景下,推进信息化建设成为企业会计领域的重要方向,旨在为企业会计信息化提供坚实的外部支持。通过在云端部署企业云会计信息化运营平台,企业得以快速响应和实现所有会计信息处理的请求,实现对财务核算的实时监控,实时生成并同步共享企业财务数据。

企业会计信息化需要与多方合作伙伴实现紧密协作。传统的会计信息化建设模式难以应对这一挑战,而云会计信息化平台凭借其广泛的互联性和灵活的控制性,不仅与会计准则保持一致,还能实现在线报税、银行对账、审计、交易以及与上下游企业和用户之间的会计信息系统集成。因此,大数据时代的来临,为企业会计信息化建设的外部协作提供了广阔的舞台。

(2)在大数据背景下,成本控制系统得到了广泛应用,有助于降低企业的核算成本。为了适应互联网业务模式的创新,企业会计核算需要紧跟时代步伐。云会计作为一种软件服务形式,以其"按需付费"的商业模式,满足了企业信息化对会计云计算服务的需求。企业用户可以根据自身需求购买服务，并根据使用的资源数量和时间长短支付费用。

通过采用云会计模式，企业无须在服务器、网络、数据中心和机房等基础设施上投入大量资金，从而降低了运营成本。同时，企业能够及时获得最新的硬件和软件平台，从而获取最佳商业运营方案。当前，已广泛应用的基础设施即服务（Infrastructure as a Service，以下简称 IaaS）、平台即服务（Platform as a Service，以下简称 PaaS）和软件即服务（Software as a Service，以下简称 SaaS）等云会计模式，不仅满足了互联网商业模式的需求，还有效降低了大数据时代的会计核算成本。

例如，通过采用 SaaS 模式，企业可以构建面向云会计的会计核算系统、会计管理系统、会计决策系统和统一存取入口等业务系统；利用 PaaS 模式，企业可以构建云会计数据库服务和应用环境服务平台；同时，采用 IaaS 等模式，企业可以构建面向云会计的存储和应用环境。此外，利用硬件即服务（Hardware as a Service，以下简称 Haas）模式构建服务器集群，可以形成高效的可伸缩计算能力，最终构建基于互联网的云会计系统。

（3）将云会计应用于企业财务过程中，有助于确保公司财务战略的成功实施。与传统财务信息系统的"账表驱动"不同，大数据背景下的财务流程采用业务流程重组（Business Process Reengineering，以下简称 BPR）的思路，将实时信息处理嵌入业务处理的过程中。企业在开展业务活动时，将业务数据输入管理信息系统中，并根据业务规则和信息处理规则生成集成信息，从而构建"事件驱动"型的财务信息系统。

云计算的发展推动了金融过程的网络化。在云端存储数据的企业能够将交易、合同生成、会计记录等信息传输到云端进行自主计算，生成报表和各项指标数据。企业管理层和外部协同部门，如税务、会计师事务所等，均可实现云空间数据的共享，以满足各自的需求。借助可扩展商业报告语言（eXtensible Business Reporting Language，以下简称 XBRL），企业数据得以自动集中，使报表用户能够轻松访问企业数据。通过重组财务流程，企业管理人员能够确保财务战略与企业战略的顺利实施。

（三）大数据促进云会计应用的对策

云会计能够降低企业在会计信息化方面的成本，提升企业的竞争力。以下几方面相关对策，能促进云会计在企业中的应用：

（1）强化云计算核算平台的构建。云会计计算平台的构建为企业迈向云端会计计算奠定了坚实基础，然而，在这一过程中，资金和技术的双重支持不可或缺，且研发过程伴随着较高的风险与较长的周期。因此，政府应出台相关政策，积极鼓励国内IT公司自主研发云会计计算系统，并通过补贴和优惠政策切实解决其融资困境。此外，还需汲取国外成熟云会计计算平台的经验，如美国谷歌和亚马逊等，以开发出更加贴合我国企业需求的云会计计算平台。

（2）改进云计算的功能和服务。目前，国内的云会计服务运营商提供的软件功能相对简单，仅涵盖了在线记账、现金管理等基础范畴，无法满足企业日益复杂化的实际需求。鉴于此，必须对财务软件的功能和服务进行全面升级，包括但不限于增加基于云计算的在线财务预测、深度分析以及决策支持等智能化功能和服务，以此回应企业对于多样化和精细化服务的需求。同时，也应引入个性化服务选项，如在线定制服务和灵活的定制功能，以更贴合企业的独特需求和业务特点。

（3）在云计算环境下建立风险评价机制。只有当企业确信会计信息安全可靠时，他们才会选择采用云计算。由于不同企业的经营模式、组织形式和管理模式各异，对云会计安全性的可信度也各不相同。随着市场竞争环境的不断演变，云会计服务提供商为满足用户安全和业务需求所打造的多样化云会计组合，其安全性亦会随之调整。因此，构建一套云会计环境下的会计信息安全风险可信度评价机制显得尤为重要。这一机制旨在更全面地识别云会计服务中可能存在的漏洞和威胁，以满足企业日益变化的安全需求，从而打消企业对云会计安全的顾虑，进一步推动云会计在企业中的应用。

（4）确保云记账数据的安全性。在云计算环境下，数据安全无疑成为一项亟待克服的挑战。云会计数据提供者和用户必须携手合作，共同应对这一挑战。具体而言，云会计数据提供者应加大研发经费和人力资源的投入，精心打造一套稳定可靠的云会计信息系统，并在网络接口处筑起一道坚固的防火墙，以有效抵御网络黑客、电脑病毒等威胁的侵袭。

与此同时，云会计数据的用户也有责任建立起健全的内部控制机制，严格执行授权审批流程，确保访问云会计数据时设置的密码足够复杂；或采用身份验证等多重手段强化公司会计资料的安全性，有效预防和降低会计信息泄露给公司带来的潜在风险。

此外，相关部门亦需不断完善相关法律法规，确保数据安全得到法律层面的坚实保障。同时，还应加强云会计服务经营者的资格认证，明确云会计服务条款，为云会计的推广和应用提供坚实的制度支持。

二、大数据背景下的云会计推广

随着大数据的高速发展，会计环境也随之发生了变化。云计算与大数据的结合在各领域都展现出广泛的应用，尤其是在会计行业，大力发展云计算技术，可以使会计行业水平得到显著提升，并发展为新型云会计信息化模式。

（一）云会计具有的优势

信息系统的更新能力和应用环境相较于传统会计具有显著的优越性。其弹性伸缩特性极大地提高了资源利用率，有效降低了单位的运行成本。当上级职能部门的信息化系统完成架构后，下级单位可从云服务器上便捷地下载财务数据，加快了各部门间会计信息的传递速度，确保数据处理的实时性，从而加强了会计信息间的紧密联系。

（1）云会计的应用极大地增强了金融机构的内部和外部协调能力。在云会计模式下，财务人员能够全面掌握机构的经营状况，促进了各部门间的有序合作，合理分配资源，并与上级和业务主管部门保持有效沟通，实现了会计信息资源的共享，为企业的发展创造了一个全新的环境。财务人员不再局限于传统离线会计软件的记账、算账、现金管理等有限功能，而是逐步向管理角色转变。通过集成机构的业务管理，建立一个统一的科目系统，监控企业业务数据，实现对业务过程驱动的管理，提高了工作效率。

（2）云会计为财务会计向管理会计的转型提供了坚实的数据支撑，显著提升了企业整体的管理水平。通过灵活设置辅助会计，按项目名称、功能或经济类别进行分类，满足了企业的个性化需求。智能查询、报表数据分析等功能实现了信息共享，而手机与会计软件的无缝衔接则进一步便利了业务处理。云端办公系统的推出，使移动办公更加智能化，让员工享受到了数字时代带来的便利。云之家与云会计的紧密结合，覆盖了机构的各种应用场景，自动录制会议内容、声音转文字等功能，以及一键定位考勤等功能，极大地提升了管理效率。同时，从多个角度对用户及行业数据进行智能分析，为管理决策提供了有力支持。

（3）云会计与物联网的结合，实现了新型的库存管理模式。这一模式不仅为企业的财务管理带来了革新，还为生产统计管理、出库管理等提供了方便快速的手段。基于云计算的云会计在财务信息的获取、存储、数据分析以及与业务部门的互联互通方面，均展现出超越传统软件的强大优势。库存管理以满足生产需求、降低库存成本为目标，通过物联网实时获取库存信息，结合大数据分析，为库存决策了提供技术支持。当库存不足时，物联网传感器能迅速向供应商反馈缺货信息，确保补货及时，降低了采购成本，同时提高了库存管理的准确性和全面性。

（4）"在线ERP"云计算会计服务优化了业务流程。在"在线ERP"云计算会计服务模式下，仓库管理更加系统化，领导、采购人员和财务人员可随时随地核实信息，即使相关人员出差在外，业务处理也不受影响，从而确保了检验及后勤保障工作的有序进行。领导能实时监控库存物资的进出情况，对预算执行进行有效监督，进一步优化了业务流程。

（5）云记账的售后服务模式为用户提供了全方位的支持，包括电子支持，即设立使用者服务中心，提供网络线上服务，帮助财务人员获取所需信息；远程服务，即由专业技术人员进行远程在线解答，解决疑难问题；线上服务，即财务人员可在线提交问题，享受客服和技术研发人员的 24 小时在线解答。服务商会严格把控问题解决的时间和质量，并在年底对技术人员进行评估。

（二）云会计推广面临的制约

在大数据背景下，云会计得到了普及和发展，给软件市场带来了全新的商业机会。传统的会计行业体系已经趋于成熟，由于人们对于新事物会产生抵触情绪，思维仍然停留在传统模式上，所以云会计的推广受到了一定的限制。

1. 没有明确的规章和标准

2013 年，财政部颁布的《企业会计信息化工作规范》为会计信息化领域确立了标准。然而，随着云计算产业的蓬勃发展，云会计作为其中一股新兴力量也迅速崛起。由于云会计的发展步伐明显领先于与之配套的制度和规范，致使相关领域在制度和规范方面显得滞后，网络安全技术与管理同样面临诸多不足。

当前，软件产业的准入和退出机制尚缺乏明确的统一标准。缺乏行业标准不仅使得功能模块的选择变得困难，也阻碍了服务类型的有效区分。此外，软件市场过度依赖价格战，难以形成健康、全面的竞争格局。网络信息安全规范与制度的不明确，有待通过完善的相关法律法规及信息安全标准来加以解决，从而为云会计的持续发展创造一个健康稳定的产业环境。

2. 数据转换的代价高

云会计提供商不仅可以向用户提供关键服务，还需对企业内外的信息进行深度收集与分析，从而辅助领导者做出明智决策。在大数据浪潮的席卷之下，云会计系统供应商众多，品质参差不齐，市场竞争异常激烈。当企业考虑更换云会计供应商时，由于缺乏统一的云会计数据标准，使原始数据的直接转换面临困难，或转换成本高昂，企业会因此处于不利地位。

因此，企业在挑选云会计供应商时，除了需权衡前期建设成本，更应全面考量供应商的规模、市场份额、云记账系统接口设计的合理性、过往成功案例、个性化定制能力以及系统的安全性。这些综合因素将为企业选择优质云会计服务提供有力保障。

3.关于数据安全方面的问题

数据安全对单位的生存与发展具有至关重要的影响，而网络信息安全则直接关系到云会计的长远发展。云会计作为一种基于互联网的应用，其数据和信息存储在云端，并通过网络进行传输、存储和使用，因此，非法入侵和违规行为的追踪与控制变得尤为困难。

由于云会计资源共享的特性，信息安全问题存在一定的风险。在单位内部，企业必须高度关注员工的信息安全意识、信息管理与使用的科学性以及权责体系的明确性等因素，这些都是确保云会计信息安全的关键所在。

（三）对云会计推广的建议

1.制定国家信息安全技术标准

在云计算蓬勃发展的时代背景下，我国应充分吸收发达国家的成功经验，并结合我国云会计的发展现状，积极倾听用户和市场的声音，深入开展云会计产业的调研工作。在此基础上，明确云会计的发展方向与目标，制定并优化云会计的应用环境、安全标准、数据存储机制以及售后服务体系，从而有效清除用户和潜在用户的疑虑，消除公众对法律和标准问题的担忧。只有这样，才能构建一个标准化的云会计应用环境，确立明确的国家标准，进而推动云会计的全面普及。

2.严格审核用户的权限，并对操作过程做好记录

在大数据时代背景下，企业内部治理的核心不仅聚焦于提升外部竞争力，更在于优化内部治理结构。为此，企业必须构建一套健全的会计控制体系，确

保各部门人员明确职责、各尽其职。每个岗位的 U-key 权限设置、授权与变动，都应经过主管严格的审批流程，确保岗位权限与岗位职责精确匹配。

为了保护企业账务资料的安全，企业应设定高安全性的账号密码，并明确梳理每项支出的权限，实现与预算的紧密关联。同时，应严格追踪每一位用户的操作记录，无论是登录还是修改行为，都将真实地被记录在电脑系统中。这一举措不仅增强了系统的安全性，也确保了所有操作都可追溯、可核查。

3.云记账供应商应该深入研究行业的个性化需求

云会计供应商应全面释放系统潜能，强化云会计系统与用户间的互动与沟通。这不仅能够提高数据处理的高效性，还可以向各管理部门提供精准的数据分析，以满足用户的多样化需求。

在当前，各行各业均致力于推行人性化管理，尤其关注员工在软件使用过程中的体验。因此，云会计系统应能迅速响应并满足用户的个性化需求。供应商应加大宣传力度，通过展示典型客户案例并实时调整优化的形式，满足不同行业用户的个性化需求，从而吸引更广泛的用户群体，增强市场竞争力，并深化公众对云计算的认知与理解。

4.构建安全机制，为云会计提供良好的应用环境

为了确保数据信息安全，企业需根据重要程度对数据进行分级管理，并考虑租赁混合云作为解决方案。混合云是私有云与公有云优势互补的典范，它负责处理对安全性要求相对宽松但标准统一的服务，而高安全性的核心业务则由私有云承担。这种技术模式在降低单位投入成本的同时，显著增强了数据安全性，真正实现了私有云和公有云效能的最大化。

此外，企业必须强化对云服务商的监督与管理，提升准入门槛，并建立完善的退出机制。财政部门应加大对于会计相关知识的培训力度，培养从业人员的先知后用意识。同时，国家应进一步加大对云会计的宣传力度，转变公众的传统观念，与云会计服务商携手共创一个优质的应用环境，从而推动云会计在各行各业的广泛应用与发展。

第四节 大数据对财务管理的影响

一、大数据对财务管理环境的影响

近年来，互联网经济和数字经济持续繁荣，大数据环境已经日趋成熟，企业的生产经营和财务管理环境也随之发生了改变。

首先，在大数据背景下，企业内外部均可借助互联网实现实时、高效的信息传递与业务处理，使公司的生产管理、市场营销等多个方面实现更为紧密的融合，公司的财务活动也展现出财务与业务的协同性。

其次，大数据已成为企业不可或缺的重要资源。相较于传统生产资源，大数据具有低成本复制、高度共享、集成创新以及高应用价值等显著特征，使得公司财务活动的经济规律从边际报酬递减逐步转变为边际报酬递增。

除此之外，随着信息科技的迅猛发展，公司财务管理工作面临的环境日益复杂，充满不确定性。互联网与电脑科技的普及，使得国际资本流动更加迅速和广泛，企业间的竞争已超越国界和地域的界限。

目前，全球经济一体化的深入推进加剧了市场竞争的激烈程度，国家的经济调控手段和金融市场环境也发生了相应的变化，这使得企业的财务管理活动所处的环境日益复杂。因此，公司需要及时、全面地收集和处理与财务管理相关的信息，持续加快信息化进程，广泛利用半结构化和非结构化的数据，适时调整财务战略，以便迅速做出财务决策，规避财务风险，从而提升财务管理的水平和效率。

二、大数据对财务管理目标的影响

公司财务管理的核心目标是实现公司价值的最大化。在实际运作中，这通常被理解为追求公司股票价格和市场价值的最大化。因此，在传统财务管理模式下，公司主要聚焦于财务资源的规模，并密切关注公司财务资源当前及未来的盈利状况、现金流量、利润分配、营业收入等信息。

然而，随着大数据时代的到来，企业价值最大化的追求已逐渐转向核心竞争力和持续创新能力。在大数据时代背景下，企业的这些能力主要体现在用户点击次数、用户规模以及数据本身的价值上。为了达成价值最大化的目标，企业需要充分利用互联网和大数据资源，通过技术创新、系统建设、品牌运营等手段，持续优化商业模式，进而提升企业的核心竞争力和持续创新能力。

三、大数据对财务管理职能的影响

财务管理的主要功能涵盖财务分析、预测、决策和规划等核心领域。在传统财务管理实践中，财务管理者通常依赖财务报表及相关资料来回顾公司过去的财务活动，并对未来的财务动态和成果进行前瞻性预测，从而为公司的各项财务决策和规划提供坚实的数据支撑。

然而，在现实中，许多财务管理者的工作内容往往局限于会计核算和日常交易处理，这些工作所产生的财务信息相对单一、局限，难以支持管理者做出全面有效的财务决策和预测。

在大数据背景下，企业所获取的信息在数量和形式上均发生了质的飞跃。除了传统的财务管理信息，企业还能借助大数据技术实时捕获非财务管理信息，为财务管理者提供更为丰富、多元的数据支持。

随着数据和信息的迅猛增长，企业所拥有的信息资源变得更加及时、全面，这极大地增强了财务管理人员在支持企业管理层决策方面的作用，同时也强化了财务管理的预测和决策功能。

四、大数据对财务管理模式的影响

在大数据背景下，企业财务管理展现出业财融合、远程化、网络化和集中化的鲜明特征。然而，在传统的财务管理过程中，信息的传递往往存在滞后和缺乏同步性的问题。传统的财务组织结构、处理流程、方法制度以及信息系统，均难以适应大数据时代对财务管理的全新要求。它们无法有效实现资源的优化配置，难以在大数据背景下实现业务和财务的深度融合，更无法支持远程在线、集中式的财务管理模式。这一现状对传统的财务管理模式构成了巨大的挑战。

五、大数据对财务管理人员的影响

在大数据的时代背景下，企业财务人员所需的知识结构与专业能力标准得到了提升。现今的财务管理人员不仅要精通传统的财务专业知识与技能，还需具备一定的信息技术应用能力，这无疑给他们在能力拓展方面带来了前所未有的压力。

第五节 企业财务管理

一、企业财务管理基本介绍

企业财务管理作为对企业财务活动的一种管理方式，其实质是一种全面的价值管理。要深刻把握企业财务管理的核心内涵，需要对其本质有更为深入的理解。

企业财务管理涵盖的内容广泛，包括但不限于固定资产管理、流动资金管理、销售收入与利润管理以及专项资金管理等。另有观点认为，企业财务管理应聚焦于融资、投资、营运资本和利润分配等关键环节。作为企业的核心部门，财务部门在引导企业生产经营活动中发挥着关键作用。它高度重视数据的分析和研究，通过运用专业知识，财务人员能迅速洞察业务内容的变化，从而提高对经济活动的洞察力。

二、企业财务活动

企业财务管理作为企业管理的重要组成部分，遵循财务管理的原则，专注于组织和处理财务关系，是一项重要的经济管理活动。总体而言，企业财务管理涵盖了融资管理、投资管理、营运资金管理和利润分配管理这四个核心方面：

（一）融资管理

融资是企业为满足投资与资金需求而进行的资金筹集与整合的工作。通常情况下，企业可采用两种方式以获取资本：一种是通过股权融资，这种方式主要涉及企业股份的发行与转让；另一种则是公司债务融资，即企业通过发行债券或借款等方式筹集资金。这两种方式分别形成了企业的股权资本和债务资本。

（二）投资管理

投资管理作为一种财务活动，旨在实现本金的回收与收入的获取，从而产生现金流出。在企业领域，投资有广义与狭义之分。广义上，投资主要涵盖对外投资，涉及购买其他公司的股份、债券、参与合资项目，以及在国内进行的各类投资等。而狭义的投资，则特指对外投资这一部分。

（三）营运资金管理

在企业的日常生产经营活动中，营运资金管理涉及销售货物、提供劳务、材料采购、工资支付等一系列资金流转环节。这些因经营需要而展开的金融活动，通常称之为资本运营活动。若在一定时期内，营运资本的周转速度加快，将直接提升资本的使用效率，进而更有可能实现产量增加和利润提升，进而形成良性循环。

（四）利润分配管理

企业的利润分配过程实质上涉及国家税收的缴纳、企业内部留存收益的确定，以及向投资者支付分红的三个核心环节。从广义角度来看，"分配"一词涵盖了企业各类收入的分配与管理；而狭义上，它特指公司对净利润的分配决策。

融资管理、投资管理、营运资金管理和利润分配管理共同构成了财务管理的基础框架，如图1-6所示，该图直观地描绘了财务管理的基本内容与结构。

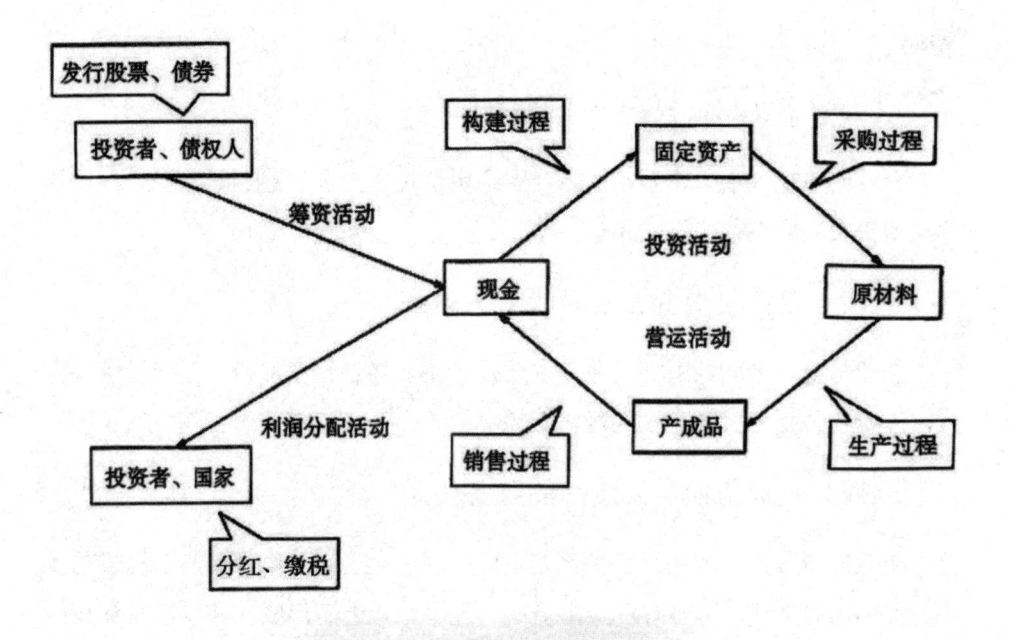

图 1-6 企业财务活动之间的关系

三、企业财务关系

企业在开展各种财务活动时,要与许多利益相关者产生经济利益关系,这就是所谓的财务关系。

(一)企业与投资者之间的财务关系

企业和投资者之间的财务关系,本质上是一种基于经营权和所有权关系的经济纽带。它主要体现在企业投资人将资金注入企业,以支持其运营和发展,而企业则通过支付投资报酬给投资者,实现资金的价值回报和双方的互利共赢。这种金融关系不仅是企业运作的重要支撑,也是资本市场健康发展的重要基础。

（二）企业与债权人之间的财务关系

企业向债权人借入资金，按照合同约定偿还本金和利息，形成了一种以债务与债权关系为主的经济关系。

（三）企业与受资者之间的财务关系

企业与受资者间的财务关系，主要是指企业通过购买股份、直接投资等方式，以投资与受资关系为主的经济关系。

（四）企业与债务人之间的财务关系

企业与债务人之间的财务关系，主要体现在企业通过购买债券、提供借款或商业信用等形式，将自有资金出借给其他单位，进而形成一种以债权和债务为核心的经济纽带。这种关系不仅体现了企业资金运作的灵活性，也反映了企业与其他经济实体间的紧密合作与相互依赖。

（五）企业与政府之间的财务关系

企业与政府之间的财务关系，指政府作为社会的管理者，在提供公共行政管理服务的同时，通过收取各类税费等方式，与企业构建起一种以依法纳税和征税为核心的经济纽带。这种关系体现了政府与企业在财务层面上的互动与合作，确保税收的公平性和合规性，同时为企业经营提供了必要的法律保障。

（六）企业内部各单位之间的财务关系

企业内部各单位之间的财务关系，主要是指企业内部各单位通过在生产经营的各个环节中相互提供产品或服务而形成的一种经济关系。

（七）企业与员工之间的财务关系

企业与员工之间的财务关系，主要是指在向员工支付劳动报酬过程中，以劳动成果分配关系为主的经济利益关系。

四、财务管理的目标

财务管理目标是指公司开展财务活动所要实现的基本目标。

（一）利润最大化

亚当·斯密所提出的"经济人"假设下的利润最大化目标，历来被视为经济理论及实践领域中的核心观念。它形成了一种特定的财务管理模式，其核心在于对利润最大化的不懈追求。

（1）在评估利润时，人们常常会忽视利润获取的时机问题。例如，一家公司今年赚了100万，与一年后也赚了100万，这两者的价值是不能等同的。若仅基于利润数额来评判，便会得出经济效益相等的错误结论。实际上，鉴于金钱的时间价值是客观存在的，当前100万的价值显然高于一年后100万的价值。

（2）另一个被忽视的因素是投入资本与创造利润之间的关系。例如，两家经营条件相近的公司均赚取了100万，但其中一家公司投资了500万，而另一家公司则投资了800万。在这种情况下，前者更符合公司的财务目标，因为尽管两家公司的利润相同，但投入成本却差异较大。

（3）人们往往会忽略收益与风险之间的紧密联系。以两家公司为例，它们均投入了1 000万元，并在今年均赚取了300万元。但值得注意的是，一家公司的盈利全部为现金，而另一家公司的盈利则全部为应收账款，存在坏账损失的风险。那么，哪家公司的财务管理更符合其财务目标？答案显而易见。因此，在不考虑风险的情况下，人们往往很难做出明智的投资决策。

（二）权益资本净利润率最大化或每股收益最大化

股本净利润率，即盈利额与资本额之比。具体而言，股本净利润率指的是每股盈利额与普通股股数的比率。该指标通过比较公司实现的利润与股本投入，能够直观反映公司的盈利水平。它不仅有助于人们比较不同资金规模的公司，还能够纵览同一公司在不同历史时期的盈利表现，从而洞察公司盈利水平的差异。然而，值得注意的是，股本净利润率并未涵盖资本的时间价值及风险因子，因此，在评估公司的长期表现时，需警惕其可能诱发的短期行为倾向。

（三）企业价值最大化

企业价值的核心体现在其所有资产的市值上。当人们提及公司价值最大化时，实质上也是在追求股东财富的最大化，这两者是相辅相成的。然而，关于如何准确评估企业价值，当前学术界尚未形成统一的标准。

一个相对简洁且常用的方法是：基于资本市场有效性的前提，可以将上市公司的总市值视为其股票价值的总和，而对于非上市公司，则可以采用市场中介机构的评估值来反映其公司价值。因此，当人们说企业价值最大化时，其实质就是追求公司在市场上的整体价值或者说价格的最大化。

1. 以企业价值最大化作为财务管理目标的优点

（1）企业价值最大化目标的是将未来收入的现值考虑在内，也就是将资本的时间价值考虑在内。

（2）考虑到投入与产出之间的关系，企业价值最大化目标能够有效克服短期行为。

（3）企业价值最大化目标将风险与回报的关系考虑在内，可以有效克服企业片面追求利润而不考虑风险的弊端。

2. 以企业价值最大化作为财务管理目标的不足

（1）对于非上市公司而言，目标值的确定无法仅依赖股价作为衡量标准，而是需要借助资产评估方法进行综合评估。然而，由于受评估准则、评估方法等多种因素的影响，使得这一过程难以达到完全客观和准确的效果。

（2）企业价值，特别是股价，往往受到市场多种因素的影响，而非完全受企业控制。其价格波动可能并不完全反映企业财务状况的实际变化，从而给企业的实际经营带来了一定的困扰和挑战。

第六节 大数据与企业财务管理

一、财务对大数据理解的误区

本节首先从金融学视角出发，探讨在大数据理解与应用中的常见误区。只有深入理解产生这些误区的根源，我们才能更有效地发掘大数据在财务领域的新应用场景。然而，目前在大数据的应用中面临的一大挑战是，众多公司的财务人员尚未开始深入思考与利用财务大数据，因此也鲜有显著的失误案例。尽管如此，仍有一部分敢于"先行先试"的企业，在实践中为人们提供了宝贵的经验与教训，有助于相关部门更好地进行反思与改进。

以下是对在金融大数据应用中的三个主要误区的概述：

（一）将传统财务分析强行定义为大数据财务分析

将传统财务分析强行定义为大数据财务分析，极易引发人们的误解。当财务人员初次接触大数据时，他们往往满怀激动，深信财务数据分析的重要性。短时间内，仿佛每位财务分析师都摇身一变，成为大数据领域的专家；而在金融分析领域耕耘了数十年的人士，也似乎在一夜之间成为大数据应用的标杆。

这恰恰体现了"概念炒作型"认知误区的典型特征。大数据财务分析具有四个鲜明的特性，与传统金融分析方法有着显著的区别。传统金融分析更加侧重于对有限的结构化数据进行因果分析，若只是简单地将自己当前的工作贴上大数据的标签，那么只能说明人们对大数据的理解尚显浅薄。

（二）认为使用 Hadoop 等大数据技术架构就是实现了大数据处理

Hadoop 及其生态系统作为大数据处理领域的基石，为海量数据的存储、处理和分析提供了强大的支持，是众多大数据项目不可或缺的技术选择。然而，仅仅部署了 Hadoop 等技术架构，并不意味着就真正实现了大数据处理。

大数据处理的实现远不止于技术架构的搭建，它更是一个涉及数据收集、清洗、存储、处理、分析以及最终提取的复杂过程。在这个过程中，数据的质量、完整性、时效性以及对业务需求的精准把握都是至关重要的。此外，大数据处理项目的成功还依赖于数据科学家的专业能力、业务团队的紧密合作，以及数据治理和隐私保护策略的有效实施。

因此，实现大数据处理的真正意义在于，通过先进的技术架构和科学的分析方法，充分挖掘和利用数据中的潜在价值，为企业的决策制定、产品创新、市场洞察等方面提供有力支持。这要求企业从技术选型、团队构建、流程优化等多个层面进行全面考虑和布局，而不仅仅是依赖于某一特定的技术架构。

（三）认为依靠现有财务管理模式下的数据就可以做大数据

某些公司的金融机构对大数据的基础价值存在低估。许多人认为，仅仅通过充分利用现有的会计核算数据、预算数据、经营分析数据以及管理会计数据，就能实现大数据的潜力。

诚然，这些已有的数据无疑扮演着至关重要的角色，应当被优先利用。但这些数据仍属于结构化范畴，且其范围局限于企业内部。若要充分释放大数据的潜力，实现竞争优势的显著提升，人们应积极探索并融合企业内部的非结构化数据和社交数据，在更广泛的数据基础上开展对财务数据的应用，以期实现预期的价值产出。

当下，大数据正在以势不可当的态势蓬勃发展，释放着巨大的能量，推动着产业、社会以及企业的全面转型。若想从中获取更多利益，需要全体人员的积极参与，共同打破障碍，实现思维方式的转变。只有克服了这些挑战，大数据才能真正在企业的财务管理中展现其广泛的应用前景，并成为推动企业持续发展的核心动力。

二、大数据背景下财务决策的新思维

在云计算平台上，汇聚了通过互联网、物联网、移动互联网等多种渠道收集的企业及相关数据部门的海量数据。这些数据经过大数据的精心处理和高级数据分析技术的锤炼，能够精准地提取出以企业为核心的相关数据部门的偏好信息。这些信息进一步通过高层分析、业务智能和可视化发现等决策处理流程，为企业在成本费用控制、融资策略、投资决策和资本管理等多个财务决策方面提供有力支持。在大数据背景下，金融决策的产生需要全新的思维方式。

（一）重新审视决策思路和环境

在大数据的浪潮中，财务决策主体及相关决策者依然是企业的掌舵者。然而，大数据的思维方式正悄然改变着传统的决策模式，摒弃了过往仅凭管理者经验及理论指导的局限性。数据的庞大规模、高度活跃性以及企业对数据的收集、分析和运用能力，已成为企业核心竞争力的关键所在。

过去，企业的运营分析多局限于对简单的业务数据和历史数据的分析，缺乏对顾客需求变化、业务流程革新的深入洞察，导致了战略和决策的偏差，从而造成风险。而在大数据时代，企业需广泛采集、深入分析海量的内外部数据，以获取有价值的信息。通过对这些信息的深度挖掘，人们能够精准预测市场需求，赋予企业更敏锐的洞察力，从而做出更为智能、精准的决策分析与判断。

（二）基于数据的服务导向理念

企业生产操作的准则在于迅速产出产品，为顾客提供优质服务，确保各环节的高效协同，使企业形成有机整体，从而谋求更广阔的发展前景。企业持续收集内外部数据，强化数据分析和应用能力，将数据转化为精准信息，由前台传递至后台，基于海量数据中的深层信息，再由后台进行策略分析和决策制定。

数据在企业前台与后台、横向各部门间以及纵向各层级间流通，因此，企业运营的每个环节均围绕最具时代价值的信息与决策展开。

同时，大数据技术的应用使得员工能够随时随地通过手机获取所需信息，有效减少了部门间的信息不对称，确保公司生产运营紧跟时代步伐，在变革中不断成长。此外，还可以通过社交媒体挖掘用户的真实需求，并利用大数据发掘员工及公众的创意，进一步丰富企业资源，推动企业持续创新。

三、大数据在企业财务管理中的应用

以金融大数据为研究对象，从风险控制、预算预测与资源配置、决策支持三个方面展开研究：

（一）依靠大数据提升财务的风险管控能力

相较于传统的风险管理模式，大数据在风险控制上展现出了更高的应用价值，大数据的独特之处在于，它能够洞察传统财务模式下难以察觉的风险。以金融领域为例，通过设定规则，人工智能能够直接且准确地拦截潜在危险。

（二）依靠大数据提高预算中预测与资源配置的能力

1.预测能力的提高

在财务预测的传统领域中，结构化数据一直是主要依据，可以通过构建精确的预测模型来预见未来的财务走向。然而，随着大数据技术的崛起，人们现在能够将数据基础延伸至非结构化数据，如市场新闻、重大事件、客户评论等，为预算预测提供更为丰富多元的依据。特别是大数据的融入，可能导致预测模型中的假设条件发生变动，进而极大地增强了预算预测的准确性与有效性。

2.资源配置的优化

在传统模式下的预算制定和资源分配的过程中，财务部门往往主要依赖于业务部门的汇报，然而，随着大数据技术的崛起，财务人员逐渐获得了更为精准和深入的判断力。例如，他们可以利用大数据，对市场热点、竞争对手等进行实时动态分析,将这些分析结果与产品部门的实际情况相结合,进而对是否应继续加大产品投入或调整产品设计方向做出更为准确和科学的判断。

(三)依靠大数据提升经营分析的决策能力

经营分析的核心在于明确目标,对管理目标进行精准评估,进而深入分析评价成果,使企业能不断优化运作方式,进而取得显著的业绩成效。在这一循环中,数据的重要性不言而喻,其价值无法估量。

然而,传统的经营分析模型在应对数据时代时,面临着数据量匮乏、过度依赖结构化数据以及对因果关系关注度不足等问题。而大数据技术的应用则为企业的管理决策注入了新的活力,为企业经营分析能力的提升提供了坚实的基础。

传统的经营分析手段往往基于对企业自身历史数据、行业数据和竞争对手数据的综合分析,并与公司战略紧密结合。因此,研究目标的合理性在很大程度上取决于参考资料的丰富性和准确性。大数据技术的引入,使得企业能够更清晰地认识自身处境,更客观地洞察行业现状与竞争态势。传统模式下的数据获取主要依赖于有限的信息渠道,而大数据则将整个社会与商业环境转变为企业竞争态势分析的重要基石,这一转变为企业制定更具客观性和合理性的目标提供了有力支持。

四、财务实现大数据应用的条件基础

(一)技术

对于大数据而言,传统的技术体系已无法满足现代企业发展的需求。对比2014年发布的《大数据生态地图3.0版本》和2012年发布的《大数据生态地图2.0版本》,大数据的生态环境已发生了翻天覆地的变化。Hadoop固然是大数据生态系统的基石,然而,其竞争对手众多,替代方案更是层出不穷。

(二)人力

大数据的广泛应用,不仅推动了技术的革新,也催生了新的人力需求。一方面,高层次数据分析人员的需求日益凸显,其重要性不言而喻;另一方面,基础资料处理工作的人力投入也同步增长,以适应大数据处理的庞大需求。

高端数据分析师的选拔,既可以从现有的金融分析师中转型而来,也可以通过定向招聘的方式吸纳专业人才。在人力资源配置上,企业应将数据工厂的构建纳入重要议程,同时,基于共享金融服务模型的数据中心将成为企业日常数据管理的中坚力量。

大数据与财务的深度融合,在解决当前财务问题上发挥着承上启下的关键作用。同时,它也为人工智能、机器学习等前沿领域的发展奠定了坚实的基础。

第二章 大数据背景下企业投资管理

第一节 大数据给企业投资决策带来的影响

在大数据技术日益完善的背景下，经济转型升级带来的压力正推动着企业借助大数据制定精准的生产与营销策略。企业数据作为极其宝贵的资源，不仅在日常运营中发挥着关键作用，更在未来的发展中被视为"商品"，可通过市场机制实现其价值。

咨询组织在深入剖析各企业在生产经营管理中遭遇的问题后，结合问题根源，制定出切实可行的优化方案。若能充分利用现有的海量数据，构建高效、精准的大数据平台，企业便能充分发挥大数据的优势。

对于投资人和被投资公司而言，大数据的应用更是意义非凡。通过大数据管理，被投资公司可实现技术的精准营销与高效生产，为公司的战略规划提供科学依据。同时，这也有助于建立并优化企业的管理与控制体系，为投资者提供有力的数据基础和智能支撑。

一、大数据使投资决策更科学

当前，领导干部在面对一些常见问题时，惯于沿袭传统决策路径，依赖既定模式行事。然而，当面对突发事件时，这种惯性思维往往会导致管理者的迷茫与无措，甚至出现"以偏概全"的误判。单纯依赖过往经验作为决策基石，非但未能简化决策流程,反而加剧了投资判断的复杂性,削弱了决策目标的精确性,无形中放大了战略执行中的潜在风险。

在大数据时代背景下,数据的广度与深度,以及高效收集、深度分析及精准利用这些数据的能力,直接塑造了企业在市场竞争中的优势地位。对数据的驾驭能力已蜕变为企业投资决策的关键引擎。企业决策者应主动适应这一变革,广泛收集并深入剖析与投资抉择紧密相关的内外部海量数据,从中吸取宝贵经验,构建智能化投资决策模型。

二、大数据使投资决策风险更可控

投资风险指的是在投资行为发生后,由于内外部多重不确定因素的作用,导致投资资金的实际运作效果与预设目标之间出现偏差的现象。投资决策的风险主要源于信息不足以及决策者难以预测和控制投资项目未来的变化,因此,任何投资决策都伴随着不同程度的风险。

在企业项目投资(无论是直接投资还是固定资产投资)中,投资风险尤为显著,主要聚焦于经营风险,如产品需求的波动、产品销售与成本的变动、固定成本的比例、投资管理能力,以及经营环境的变迁等。特别是固定资产投资,其形式主要包括新建、扩建和改造,由于这类投资的变现能力相对较弱,因此其投资风险也相对较大。

一旦投资风险带来的损失超过企业的承受能力,企业就可能面临倒闭的风险。然而,在云会计平台上,决策者可以通过数据分析获得可靠信息,深入剖析和评估潜在风险的成因及后果,并基于大数据中的信息资源,不断调整目标策略和投资方向,从而有效减少决策风险带来的损失。

第二节 大数据背景下企业投资决策的优化

大数据技术的快速发展，为企业投资决策提供了一种量化分析方法，可以有效地帮助企业进行投资决策，提高企业决策的质量。

一、获取投资决策信息

大数据的崛起为企业投资决策中竞争情报的收集、分析与利用带来了颠覆性的变革，同时也为竞争情报咨询公司和企业带来了前所未有的机遇与挑战。

对于多数企业而言，尽管它们标榜着大数据的旗帜，但大数据的实质往往只是一个模糊的概念。这些企业深知大数据的重要性，却往往难以将理念转化为实际行动，因此许多想法也因此难以落地。

在执行投资决策与大数据应用实践的过程中，企业不仅参与度低，而且难以实现对流程的精准控制。其中最为棘手的问题便是：如何高效收集并分析每日产生的海量数据？

不论是电信行业、金融行业还是政府部门，数据的支撑都显得至关重要，企业对信息的收集与分析有着迫切的需求。我国金融、电信等行业早已开展了专业的数据分析工作，而其他行业在这方面的敏感度则相对较弱，甚至有些从业者对此持有抵制或漠视的态度。

令人费解的是，有时企业的决策者更愿意依赖直觉进行决策，而非数据。尽管人们的观念在逐渐改变，但思想上的革新依旧比较困难，只有当新兴产业崛起时，人们才会深刻认识到数据的价值。然而，如今大数据已席卷全球，那些未能及时跟进的企业，已处于落后的境地。

大数据无疑给管理带来了革命性的变革。管理者可以借助大数据进行精准测量，进而充分利用数据，深入了解企业，帮助企业做出更为明智的决策。这体现在大数据对个人信息的重视上，管理者应勇于将这一认识转化为改善决策和绩效的实际行动。只有在技术层面注重对数据的收集与分析，企业才有可能摆脱落后的局面，成为行业的领军者。

在实践中，大数据管理的关键在于如何智能地处理这些数据，从中挖掘出有价值的信息。目前，对于多数企业而言，如何确定哪些数据是未来的宝贵资产，以及如何利用有效的方法提炼、分析这些信息并将其转化为实际收益，仍是一个待解的难题。

二、投资框架构建

（一）投资准备阶段的主要工作

在大数据的浪潮中，数据无疑是企业最宝贵的资产，其质量直接影响着企业的投资决策。优质的数据能够显著增强投资决策的科学性和实效性。在企业投资决策的过程中，数据的完整性、及时性和可靠性等质量特性对数据采集与准备、策略制定与评价，以及后续的监测与调整都起到了决定性作用。

投资框架的构建立足于企业投资决策的全过程，以数据为核心，深入剖析各阶段所涉及的数据来源、质量特性及数据类型，从而构建出一个全面考虑数据质量特性的公司投资决策框架。

在投资项目的前期准备阶段，精确的市场预测至关重要。它有助于企业发掘项目在既有条件下的实际需求与潜在市场机遇，并将其转化为满足特定需求的产品或项目。此外，这也有助于企业减少和避免不必要的投资，如重复建设等，从而确保项目能够长期、稳健地支撑企业的生产和运营。

在投资项目的准备阶段，首先要做的是搜集资料。企业的首要任务是明确投资目标，这是进行任何投资决策的前提。企业需基于自身的条件和资源状况，确定希望从投资中获得的收益。在选择投资方向时，需结合公司的历史数据和外部因素，如市场环境等进行筛选，以确定最佳的投资方向。

基于市场调查和预测，企业可以针对项目及其载体的具体形式，对相关产品的竞争力、市场规模、地理位置、性质及特点等因素进行深入分析，以得出"项目产品是否具备市场需求"的专业判断。这一分析技术旨在全面了解国内外市场的近期需求、估算国内现有产能，并对销售和价格进行深度剖析，以评估产品的竞争力及产品进入国际市场的可能性。在此过程中，企业还将预测替代品及其可能带来的市场扩张，了解项目现有或潜在替代品可能产生的影响，同时调查市场的长期供需状况及项目投产后市场的饱和度，以及该项目产品可能达到的市场份额。

（二）投资方案制订与评估阶段的主要工作

投资方案制订阶段的核心在于依据可行性研究，制订投资计划，并为方案评价提供必要的数据支持。在可行性分析中，需要深入考量与风险相关的概率分布、期望收益率、标准偏差以及风险报酬率等关键数据，确保将投资风险控制在企业可承受的范围内，从而证实投资计划的可行性。

进入项目评估环节，则须着重考量现金流量、各类评价指标以及资本金限额等要素。现金流量可通过非贴现与贴现的现金流指数来量化评估。而投资回收期、平均报酬率、平均会计报酬率、净现值、内含报酬率、盈利指数、贴现回收期等指标所蕴含的数据是投资决策评价不可或缺的依据。这些数据具有利益相关者众多、来源渠道广泛、数据结构复杂、数据间标准不一，并且互不兼容等特点，需要人们精心分析，以进行准确的投资评价决策。

（三）投资实施阶段的主要工作

在监控与调整阶段，工作的核心在于审视企业的实际现金流量、盈利与预期的对比，以及企业的实际承受能力是否能得到有效控制。若两者之间存在显著偏差，且企业无法掌控，应立即追根溯源，深入分析差异产生的根本原因，并据此调整相应的投资决策方案。

目前，该工程的基础数据面临两大挑战。首先，数据收集难度较大。由于公司的基本资料，特别是纸质资料，主要来源于施工项目部，这些资料通常按照来源地分级管理，项目部的资料往往在项目完成后才归档到公司总部，这大大增加了数据收集的复杂性和耗时性。

其次，基础数据的结构化程度有待提高。即便在信息化水平较高的财务部门，大量的非结构化数据在原始凭证中被剔除，未能有效地转化为结构化数据。在其他部门，如运营和财务部门，其结构化数据的比例更是偏低。研究表明，在日常工作中产生的非结构化数据约占整体数据的 80%。

因此，在大数据背景下，企业依赖云会计平台来获取各类数据，并运用大数据技术处理结构化、半结构化和非结构化数据，然后将这些数据存储在企业的数据中心。这种处理模式能显著提升投资决策过程中数据的完整性、及时性和可靠性，从而满足公司高质量投资决策的需求。

三、集群融资方式的创新

在贷款策略上，公司选择不分红或低分红政策，以维持充足的现金储备。轻资产模式使得公司财务融资逐渐摒弃了以往依赖"重资产"和财务报表、抵押资产的信贷审核方式。

在网络经营时代，随着公司经营透明度的增强，传统的财务理论中适度增加财务杠杆以提升股东价值的思维已逐渐不适用。传统财务管理模式将融资、投资、业务经营等活动割裂开来，仅以满足公司投资和业务经营需求为目的，对财务结构风险的控制也局限于资本结构本身。

网络时代使公司融资与业务运作完全融合，财务融资成为经营活动的一部分。互联网金融作为大数据与金融行业结合的产物，为中小企业提供了更有效的资金匹配方式。例如，阿里金融依托其平台上的大数据和云计算技术，通过客户信用、产品质量、投诉等数据，计算客户的风险等级和违约概率，为优质小微客户提供信贷服务。

集群供应网络是不同资源供应链为满足各自业务需求形成的复杂网络结

构。随着供应链内部技术的扩散与运作模式的复制，供应链间形成了稳定、正式或非正式的合作关系。集群供应链融资以集群供应链为基础，通过多主体协作，形成集团或联盟，以解决融资难题。融资方式包括集合债券融资、集团担保融资、集团借款、股权联动等。大数据为风险评估、监测提供信息支撑，通过挖掘物流、商业活动、信息流、资金流等数据，找到互补的融资匹配单位，以供应链金融、担保、互保等形式再分配信用，从而降低了融资风险。

大数据和集群金融为中小企业提供信用增值服务，将集群内的资本转化为商业信贷、银行信贷乃至国家信贷。大数据的兴起，打破了信息的不对称性，可能颠覆传统金融的发展模式。一些网站可以通过资料探勘运算法进行信用评估，利用社交媒体等互联网工具，从海量的客户信息中挖掘数据，预测违约风险，将外部协同环境转化为金融资本。

在国内，阿里巴巴利用大数据为小微企业和创业者提供金融服务，通过淘宝、天猫等平台收集一手信息，进行信用调查，实现场景化评价。其互联网化、批量化、海量的大数据金融服务，颠覆了传统金融业务模式，在效率、真实性、参考价值等方面均优于传统金融机构。大数据为征信和贷后监测提供了有效途径，改变了信贷的可得性和效率。

传统的一对一融资受限于企业内部资本约束和外部信息的不对称，导致了科技型中小企业融资难等问题。借助大数据"在线"和"动态监测"，企业集群供应网络中的协同环境资本得以识别、监控和转化。阿里巴巴等公司的金融创新是集群协同环境下对金融资本大数据的挖掘和识别过程，属于新型集群金融创新模式。在大数据背景下，集群融资创新为集群企业提供了金融资源保证，激发了产业集群活力，形成了特殊的金融资本协同创新环境。

第三章 大数据背景下企业预算与管理

第一节 企业预算

一、现代企业预算概述

预算是企业基于预测与决策,将未来特定时间内的经营、投资、财务等活动详尽规划,通过量化的方式呈现,旨在达成企业目标并优化资源配置。企业预算是对未来经营活动的全面计划,是高层管理者对企业及各部门目标、策略和方案的正式阐述。

预算虽表现为行动计划的量化形式,但与计划有所不同。计划涵盖广泛,如工作目标及其达成步骤与方法;而预算则是这些计划中的经济维度,用货币来衡量和表达。

预算管理是企业实现整体战略目标的关键手段。在确定总体目标后,需将其分解为各部门的具体目标,并通过预算量化,如生产部门的生产目标、销售部门的销售目标、管理部门的费用控制目标等。为确保战略目标的实现,预算指标应作为控制依据,并据此进行绩效评估。

随着经营规模的扩大和组织结构的复杂化,面对多变的市场环境,预算的规划与统筹作用越发重要。若没有对预算的规划与指导,企业未来的经营活动将难以预测,成果亦难以保障。

(一)现代企业预算的分类

(1)企业预算按其内容可明确划分为经营预算、专项决策预算、资本支出预算和财务预算。

经营预算是指针对企业日常生产经营活动的全面预算,涵盖了生产预算、销售预算、直接材料预算、直接人工预算、制造费用预算、产品成本预算、销售费用预算、管理费用预算等多个方面。

专项决策预算则是针对企业某一特定时期内不会频繁发生的一次性重大决策所编制的预算,如生产、库存、投资、融资和利润分配等方面的决策。

资本支出预算则是基于各长期投资决策项目审核批准后,对选定方案进行的详细规划,涵盖了投资金额、投资时间、资金来源、投资回报等多个维度。

财务预算则聚焦于计划期间内企业的现金收入、支出、财务状况以及对经营成果的预算。财务预算作为全面预算的总结性部分,它全面反映了经营预算与专项决策预算的成果,是各项业务预算和专项决策预算的总体规划,同时也是全面预算不可或缺的组成部分。

(2)根据预算指标的时间跨度,企业预算可分为短期预算与长期预算。

通常,预算期限超过一年的为长期预算,而预算期限在一年以内(含一年)的则为短期预算。由于长期投资所需的资金量大、影响时间长,因此长期预算的编制质量直接关系到公司长期财务目标的达成、未来几年的经济效益以及短期预算的编制。预算编制的期限应根据预算内容及实际需求灵活确定,可以是一周、一个月、一个季度、一年或几年。在编制预算时,应充分考虑预算的特点,实现长期预算与短期预算的有机结合。一般而言,公司的经营预算及财务预算多以短期预算为基础,进而在一年内进行季度或月度的细分。

(二)现代企业预算的特征

(1)预算是具备可量化性和强制执行力的工具。它作为一种精细化的定量计划,对企业未来的活动进行了详尽且细致的规划,为即将展开的生产活动奠定了坚实的基础。

（2）预算与公司策略和目标紧密相连，其本质正是为了达成公司的既定目标，对各种资源和业务活动进行详细规划与安排。

（三）现代企业预算的作用

企业财务管理的方法有很多，但财务预算被认为是一个有效的管理模式，在企业经营管理中发挥着重要的作用。一般认为，现代企业预算的作用主要表现在以下六个方面：

1.预算在实现公司预期目标中发挥着关键作用

通过控制企业的业务过程，预算能及时发现经营活动中的问题，并采取相应的措施纠正偏差，确保公司能够以最经济、最有效的方法达成既定目标。因此，预算不仅是对企业经济活动进行规划、控制和引导的重要工具，更是确保企业实现预期目标的必要职能。

2.预算的全面平衡对于促进企业内部各部门间的协作至关重要

在企业生产经营的过程中，各部门与企业紧密相连，共同影响着企业的整体利益和员工的个人利益。为实现企业的总体目标和任务，各部门间需密切配合，互相协调，确保工作安排的统筹兼顾和合理性。通过全面平衡各部门预算，部门经理能更清晰地认识到自身在全局中的位置与角色，从而最大限度地协调好部门间的工作，共同实现企业整体目标的最大化。

3.预算为企业的绩效评价提供了有力支持

作为企业财务活动的行为准则和活动实施的依据，财务预算是评估各部门绩效和个人绩效的基础。通过分解执行预算计划，并把计划与部门和责任人的绩效考核相结合，企业能够更有效地进行奖惩，确保各项任务的顺利完成。此外，企业可定期或不定期地对各部门承担的工作任务进行考核，以确保企业整体目标的实现。因此，各职能部门需按照全面预算的要求，有目的地安排日常工作，组织生产经营活动，并对实际结果与预算目标进行比较分析，及时解决问题，确保任务的高质量完成。

4.财务预算对企业的战略发展具有重要的支持作用

作为企业管理的核心部分,财务战略管理具有前瞻性的特点,通过对未来发展趋势的规划来指导当前实践。财务预算作为对未来的一种管理手段,通过对企业经营方针和目标的定量反映,以及对实现战略目标所需方法与措施的详细阐述,有助于各部门和员工全面认识企业整体经营战略,并共同努力实现公司的战略目标。通过滚动预算、弹性预算等形式,财务预算为企业战略的实施提供了有力保障。

5.财务预算有助于提高员工的参与度和工作积极性

预算的制定和执行不仅仅涉及某一部门或个人,而是需要全公司各部门和员工的共同参与。将财务预算视为部门管理或权力管理的观念是片面的。在管理实践中,要想充分调动员工的积极性,需确定目标、设定指标、进行激励和引导。财务预算通过设定各种量化指标,将员工需求与公司目标相结合,从而激发员工的工作积极性,使企业管理成为一种自发的过程。

6.预算在企业财务管理中发挥着核心作用

作为一种控制机制,预算在"自我约束"与"自我激励"两个层面上协调了预算主体与预算单位的行为。预算作为"标杆",使各预算实施主体明确自身目标、当前表现及预算完成与绩效的关系,实现自我约束和自我激励的功能。同时,预算主体需要有明确的考核依据以控制经营过程,并确保成果的实现。因此,财务预算不仅是对行为主体行为过程的控制,更是对行为主体行为结果的控制。

(四)现代企业预算工作的组织

预算工作的组织包括决策层、管理层、执行层和考核层,具体有以下几个方面:

(1)企业董事会及总经理办公会共同承担预算执行情况的责任。公司董事会及总经理可根据企业的实际情况,设立预算管理委员会或指定财务管理部门，全权负责预算管理事务，并向企业法定代表人汇报。

（2）预算管理委员会或财务管理部门的核心职责包括：确立预算目标与方针，制定预算管理的实施细则，审议预算方案，组织预算的下达，协调解决预算编制与实施中的难题，组织相关工作人员对预算执行情况进行审计与评估，并监督企业实现预算目标。

（3）企业预算管理部门则专注于对预算实施情况的跟踪管理，对预算执行进行实时监督，对预算与实际执行情况进行深入分析，并提出改进策略，以解决其中发现的问题。

（4）企业生产、市场部、人力资源等部门具体负责其业务涉及的预算编制、执行、分析等工作，并与预算管理委员会或财务管理部门共同进行企业总预算的综合平衡、协调、分析、控制和评估。这些职能部门的主要负责人亦参与企业预算管理委员会，对预算执行情况负有直接责任。

（5）基层单位作为企业预算的基本单位，由企业财务管理部门负责编制、控制和分析本部门的现金流、经营成果以及各项成本费用预算，同时接受企业的定期检查和评估。基层单位的主要负责人需对其财政预算的执行情况负直接责任。

二、企业经营预算的编制

经营预算是公司日常生产经营活动中不可或缺的一环。它涵盖了与公司运营直接相关的各类业务预算，具体包括销售预算、生产预算、直接材料预算、直接人工预算、制造费用预算、产品成本预算以及销售及管理费用预算等，这些预算共同构成了公司运营的基础。

（一）销售预算

销售预算是在特定预算期间内，对商品或服务的单价、预计销售量以及预期收益进行细致规划的过程。这一过程不仅是整个预算编制的基石，而且是构建其他预算的基础。销售预算涵盖了单价预算、销售数量预算以及销售收入预算等多个方面。根据市场预测、销售合同以及企业的实际生产能力，可以精准确定销售量；单价则基于定价策略进行设定；销售额则是销售量与单位价格的乘积。

在实际操作中，销售预算的编制应细化到不同的产品品种、月份以及地区。此外，销售预算通常还涉及预计现金收入，这是编制现金预算时不可或缺的重要信息。具体而言，第一季度的现金收入主要由两部分组成：一是前一季度应收款项在本年第一季度实际收到的部分；二是当季销售活动可能带来的现金流入。

（二）生产预算

生产预算主要依托于销售预算，是编制直接材料及产品成本预算的基石。通常，企业的生产与销售并非完全一致，除了满足销售需求，企业还需保留适量的存货，以应对突发需求，确保生产的平稳进行，同时减少因紧急赶工而产生的额外成本。在编制生产预算时，必须考虑企业的实际产能、仓库容量等限制因素，从而合理安排各期的生产量和成品库存量。

此外，由于季节性的波动，某些产品在旺季时销售量激增，可能需要通过加班加点来提高产量。然而，若选择在淡季前进行生产，则会增加产品库存，并伴随额外的资本利息支出。因此，在权衡两者时，需要选择成本效益最高的方案。

（三）直接材料预算

直接材料，即企业在生产制造和提供服务过程中直接消耗的原料、主要材料、外购半成品，以及那些对产品形成起关键作用的辅助材料和其他相关材料。直接材料预算，则是在预算周期内，基于生产预算并结合原材料库存状况，对各类直接材料的消耗、采购数量及采购金额所进行的预算规划。为优化现金流管理，企业通常会在每个季度对采购材料进行前瞻性的预测。直接材料预算涵盖了季度内的现金支出，如偿还上期应付款项及本期新产生的采购应付款项。

若企业物料种类繁多，为确保预算的精确性，建议分门别类地编制物料库存预算。

（四）直接人工预算

直接人工预算是针对预算期间，基于直接人工工时消耗和成本水平所规划的日常经营预算。此预算是生产预算的延伸，内容涵盖预计产量、单位产品所需人工工时、总人工工时、单位时间的人工费用，以及总计的人工费用，确保企业在运营过程中对人工成本有全面且合理的预算规划。

（五）制造费用预算

制造费用涵盖的是生产过程中涉及的各种间接成本，这包括但不限于直接材料消耗和人工成本。制造费用预算则是为了在预算周期内准确反映这些间接生产成本而制订的预算计划。根据常规习惯，制造费用通常被细分为变动制造费用和固定制造费用两大类。变动制造费用随着生产量的增减而相应变化，而固定制造费用则相对稳定，不随生产量的变化而变动。

可变制造费用是基于生产预算而编制的，即依据生产计划的预计产量及可变制造费用的分配率来确定其支出；而固定制造费用则往往与当前产量无直接关联，因此需逐项进行估算。为了方便后续现金预算编制，对现金支出进行预估显得尤为重要。除折旧费用外，制造费用通常需要以现金形式支付。因此，通过每季度的制造费用总额减去折旧费用，即可得到相应的现金支出额。

（六）产品成本预算

在制造成本法下，制造产品所涉及的所有直接材料、人工以及制造费用均须纳入制造成本之中。产品生产成本预算作为一种经营预算，精准地反映了预算周期内各类产品的总成本及其单位成本。产品成本预算涵盖了销售、生产、直接材料、直接人工以及制造费用等多个方面，确保了对产品成本的全方位考量。

（七）销售及管理费用预算

销售费用预算，指的是为确保销售预算的实现而规划的费用预算。销售费用预算构建于销售预算的基础之上，通过对销售收入、利润与费用三者间内在关系的深入剖析，力图实现销售费用的最大化利用。

在制定销售预算时，应灵活运用本量利分析法，确保支出的每一笔费用都能带来可观的效益。在编制销售费用预算的过程中，也应回顾过往的销售费用，审视每一笔销售费用支出的必要性与潜在影响。此外，销售费用预算需与销售预算紧密相连，明确具体的品种、区域与用途，确保预算的精准性与实用性。

管理费用预算，则是企业日常运营不可或缺的经费支撑。随着企业经营规模的逐步扩大，管理费用也相应增加。在编制经营费用预算时，应综合考虑经营绩效、财务状况等多方面因素，力求实现费用的合理化。鉴于管理费用大多属于固定性质，其预算通常基于过往的实际费用，并依据预算期间可预见的变动因素进行调整。同时，对各项费用应进行全面、细致的审核，旨在提高资金的使用效率，保障企业的稳健发展。

三、企业专门决策预算的编制

专门决策预算特指企业鲜少涉及的长期投资决策项目预算，它精准地体现了企业在固定资产购置、扩建、更新、改造或新产品研发等长期投资计划上的预算规划。专门决策预算通常与项目投资决策紧密相关，涵盖了专项预算的各个方面，尤其涉及长期建设项目的资金投入与筹措，且往往需跨年度实施。

专门决策预算的构建基于项目财务可行性分析数据与企业融资决策数据，多数情况下需单独编制预算，详细阐述固定资产、流动资产投资的金额及融资方式，旨在为投资决策提供参考。专门决策预算构建的重点在于精确反映项目资本的支出与筹资计划，同时也是编制现金预算、预测资产负债表不可或缺的基础。

第二节 企业预算的执行与考核

一、企业预算的执行

企业全面预算一经正式批准，各预算执行单位务必严格组织实施。预算指标需逐层细化，横向及纵向地渗透至企业内部的各个部门、环节及岗位，构建一个全面覆盖的预算执行责任体系。企业应以年度预算为基石，有序组织和协调各项生产经营活动，将年度预算精确至季度或月度预算，实施分期预算控制，确保年度预算指标的达成。同时，企业需遵循全面预算管理的要求，有序组织生产经营活动、投资及融资等事务。

在资金收付活动的预算控制上，企业应强化资金收支的组织，严格把控资金支出，规范资金收支流程，有效防范付款风险。对于超编和预算外支出，务必严格执行审批程序。

对于公司的采购与付款、销售与收款、成本与费用、工程项目、对外投资、研发与开发、信息系统、安全环保、资产购置及维修等业务及事项，若涉及生产工艺及费用，必须依据相关计划、定额等标准严格执行。企业需坚定不移地执行销售计划、生产计划和成本费用预算，努力达成利润目标。

在日常控制方面，应完善凭证记录，健全各类管理制度，严格执行月度生产经营计划，坚持定额、定率标准，强化实时控制。对预算执行过程中出现的异常情况，应迅速查明原因并提出解决方案。

为有效监督预算执行情况，企业应建立预算报告制度，要求各预算单位定期上报预算执行情况。针对预算执行中出现的新问题、新情况以及重大项目出现的大偏差，财务管理部门及预算管理委员会应督促相关预算执行单位深入查找原因，并提出改进经营管理的建议与策略。

此外，企业预算管理单位应加强与各预算执行单位的沟通，充分利用财务资料及其他相关信息，对预算执行情况实施监督，通过合适的方式，及时反馈预算执行进展、执行差异及对预算目标的影响，从而推动企业全面实现预算目标。

二、企业预算的调整

在已正式实施的预算前提下，企业通常为了维持其稳定性而选择不对预算进行调整。然而，当预算执行单位遭遇市场环境、经营条件、政策、法规等变动，导致预算编制基础无法成立或可能引发预算结果大幅偏离时，企业会审慎考虑调整预算。因此，构建内部预算体系至关重要。内部预算体系允许对不影响预算目标的业务预算和专门决策预算进行调整，依据内部授权核准制度，鼓励预算执行机构迅速采取有效的经营管理措施，以确保预算目标得以实现。

企业预算调整需遵循严谨的流程。首先，预算执行单位需逐级向企业预算管理委员会提交书面报告，详细阐述预算执行的具体情况、客观因素的变化及其对预算执行的影响程度，并提出预算指标调整幅度的建议。随后，企业财务管理部门将对这些预算调整报告进行审核，并提交至预算管理委员会，乃至企业董事会、总经理办公会审议。只有在审议通过后，预算调整方案方可下发执行。

对于预算执行机构提出的调整事项，企业应恪守以下原则：

（1）调整事项不得与公司发展战略相悖；

（2）预算调整方案应追求经济效益最大化；

（3）预算调整应主要关注预算执行过程中出现的重大、非正常和非常规的差异。

三、企业预算的考核

为了确保实现既定的财务目标，企业亟须构建一套完善的预算分析体系，由预算管理委员会定期召集预算执行分析会议，全面审视预算执行的状况，深入剖析执行过程中的问题与偏差，并及时采取措施予以解决和纠正。企业管理部门及预算执行单位应广泛收集财务、市场、政策、法律等方面的信息，灵活运用比率分析、比较分析、因素分析、平衡分析等方法，从定量和定性两个维度全面揭示预算执行单位的现状、发展趋势及潜在能力。

对于预算执行中出现的偏差，企业财务管理部门和各预算执行单位需全面、客观地分析原因，并提出切实可行的解决方案，提交至董事会或总经理办公会室进行审议决策。同时，强化内部审计的监督职能，对预算执行过程进行全面审计，确保预算管理的严肃性和有效性。

预算审计可采取全面审计和抽样审计相结合的方式，特殊情况下可开展随机专项审计。审计完成后，内部审计部门应汇总审计结果，形成详尽的审计报告，并提交至预算管理委员会、企业董事会或总经理办公会，以此作为调整预算、优化内部经营管理和财务考核的依据。

预算管理委员会在年度终了时，须向董事会或总经理办公会详尽报告预算执行情况。企业内部预算执行单位提交的预算执行报告，须经本单位及主管人员依据内部准则审议批准，作为企业财务评价的重要参考。预算按调整后的计划执行，其完成情况以年度决算报告为准。在绩效考核中，预算执行考核占据重要地位，需与年度内部经济责任制相结合，与预算执行单位负责人的奖惩挂钩，同时作为企业内部人力资源管理的重要参考依据。

第三节 大数据背景下企业全面预算管理

2016年6月,财政部正式颁布了《管理会计基本指引》,该文件的颁布不仅标志着管理会计制度迈入了崭新的发展阶段,更为其未来的发展指明了新方向。全面预算管理作为企业经营管理的核心环节,对于企业的稳健运营和持续发展有着重要的意义。

全面预算管理实质上是对企业在特定期限内各项生产经营活动目标及行动计划的全面规划与反映。在全面预算管理的精心协调与有效控制下,企业能够实现对人力、物力、资本等资源的优化配置,进而助力企业决策者制定出科学合理的战略规划。

进入21世纪以来,随着计算机互联网技术的飞速发展,大数据、云计算等新兴技术层出不穷。将这些先进技术与全面预算管理紧密结合,已然成为推动全面预算管理创新发展的重要途径。

云会计作为云计算与现代会计信息系统融合的产物,借助互联网技术,将软硬件设备高效整合,实现了会计信息的实时共享、传输、分析、筛选与存储,为企业经营管理和决策提供了坚实的支撑。

一、全面预算管理的相关理论

(一)全面预算管理的理论基础

全面预算管理是一种更为科学、更为全面的管理理论。

1. 委托代理理论

现代企业最鲜明的特质在于所有权与经营权的分立。企业通过建立股东大会、董事会和监事会等组织框架,严格遵循相关章程的规定,清晰地界定了两者的权利与责任。然而，在信息流通不畅的情境下，企业极易遭遇利益分歧和权力争执。

为有效应对这一问题，全面预算管理必须引入委托代理理论，以明晰管理层与股东之间的关系，确保双方行为得到规范，进而推动全面预算管理工作的有序进行。

2.动机理论

动机作为行为的内在驱动力，其性质直接决定了行为的表现。无论是个人、团队还是组织，动力都是其前进的源泉。

在全面预算管理的实践中，企业应当充分利用激励理论，深入激发职工的积极性和创造力。激发职工的积极性和创造力，不仅仅是为了追求企业的经济目标，更是为了实现个人利益与公司利益的深度结合，从而最大化地发挥个人的价值，不仅可以推动企业的持续发展，更可以助力员工实现自我价值的提升。

3.控制理论

控制作为现代企业管理的核心要素，对确保企业健康和有序运行起着至关重要的作用。在全面预算管理的框架内，控制环节尤为重要。为实现高效的控制，企业必须明确界定每个预算执行单位和员工对其预算执行过程的责任，确保每项具体工作都有明确的职责划分，并将其全面纳入预算编制体系。这种举措不仅将责任细化到个人，还极大地增强了员工对预算管理的参与感和认同感，从而在一定程度上推动了全体员工对企业的管理。

4.战略管理理论

战略管理，是指对企业所处的内外环境进行详尽分析，进而制定并实施战略决策与计划，同时持续评估战略效果，以确保达成既定目标的一种动态管理过程。在预算管理中，预算与战略紧密相连，战略是企业的总体目标，而预算则是这些目标的具体化、细分化。两者相互渗透，方向统一，使得战略管理在预算管理中占据了举足轻重的地位，从而确保了企业预算管理与战略目标能够顺利且有效地实施与达成。

总的来说，全面预算管理系统是预算管理理论、委托代理理论、激励理论、控制理论以及战略管理理论等多种管理学理论的融合与统一。它作为一种综合了多种理论的管理方式，在现代企业中占据着举足轻重的地位。

（二）全面预算管理的职能

全面预算管理作为现代企业管理体系中不可或缺的一环，其核心目标在于紧密围绕企业战略展开。它将规划、控制、调节等多重要素巧妙地融为一体，贯穿企业运作的全过程，赢得了广泛的行业认同。

全面预算管理体系由九个关键组成部分构成，包括预算制定、预算执行、预算控制、预算调整、预算核算、预算分析、预算反馈、预算审计以及考评奖惩。全面预算管理体系为全面预算管理的全过程提供了全面且系统的梳理，确保其能够在企业中发挥出最大的效用。

"全面"是全面预算管理的核心，其特性主要体现在三个维度：首先是全方位性，即预算管理覆盖企业的所有方面；其次是全过程性，预算管理贯穿于企业运营的始终；最后是全员性，即预算管理需要全体员工的共同参与配合。

1.全方位性

企业预算的全方位性，其核心在于预算内容的全面性，企业的预算务必覆盖企业所有经济活动。只有这样，企业预算才能真实、精准地映射出企业自身的经济状况，进而确保预算目标的顺利达成。

2.全过程性

企业预算的全过程性，涵盖了预算前、预算中及预算后的各个环节，确保企业预算管理的活动全面贯穿企业生产经营的整个流程。通过对企业预算全过程的严格监控与细致检查，旨在确保预算系统的运行既合理又高效，从而最大限度地降低经营风险，为企业的发展奠定坚实基础。

3.全员性

企业预算的全员性，即企业全体员工深度融入预算管理之中，每个人都成为预算管理的关键角色。只有通过严格的监督和检查,才能确保预算目标的达成。全面预算管理不仅是一种全面覆盖、贯穿始终的管理方式,更是企业实现全面管理、迈向现代管理模式的重要标志,标志着企业管理迈向了一个全新的高度。

二、全面预算管理的局限性

(一)全面预算管理与战略导向相分离

战略作为公司发展的核心指南,是公司追求长远目标的基石。企业若想走向成功,须精心制定与企业自身条件紧密结合、顺应市场环境变化的企业战略。确保企业的行动和政策与既定战略紧密契合,是企业通往成功的必由之路。因此,战略定位之于企业,其重要性不言而喻。

然而,当前许多企业过度追求利益最大化,目光短浅,仅关注短期目标及财务效益,忽视了对公司整体战略的长远规划。这种片面追求短期效益的做法,导致大部分公司员工对公司的整体战略认知模糊,难以在预算与工作中体现公司的战略意图,造成预算与战略的脱节。企业的预算指标未能融入公司战略层面,无疑会对公司的长期发展造成严重的制约。

(二)全面预算编制内容不够全面、客观

传统的预算方式由于数据滞后和冗杂,使得预算编制内容缺乏对比性和多样性,呈现出片面性。更重要的是,这些编制内容未能充分展现全面预算的实际成果,导致企业预算缺乏可比性和时效性,从而难以发挥其应有的功能。此外,该方法过于依赖单一的财务指标,使得业绩衡量显得不够真实,同时也忽视了推动公司价值增长的其他关键因素。在实际应用中,容易导致预算管理落后于公司生产和销售的节奏,使得预算管理沦为事后评价的工具,导致公司的发展策略趋于短期化,这对公司的长远发展造成了不利影响。

（三）全面预算组织信息传递效率较慢，不够协调统一

公司的组织结构是其经营的核心骨架，各部门主体间须紧密沟通、协调合作，确保战略目标的统一性与部门间的相互关联。然而，现实中不少企业却缺乏专门的全面预算管理部门或机构，多数预算决策及执行责任均落在财务部门的肩上，往往误导人们认为预算仅属财务范畴，应由财务部门全权负责。

此外，基层业务人员对全面预算管理的认知尚浅，难以深入参与预算编制的过程。由于信息交流存在壁垒，预算的科学性与全面性大打折扣，使得企业预算仅停留于表面形式，缺乏必要的控制与监督。

（四）预算指标不科学，预算编制水平较低

全面预算要求企业全面整合资源、信息、人力和资本，强调人本化、战略化和系统化的管理思路，实现资源的高效配置和高度协同控制，从而推动战略成果的达成。企业各部门、各岗位需全面参与，体现集权与分权相结合的制度。这一管理策略从企业的战略高度出发，对权力和责任进行具体划分，并实施有效监督，确保反馈结果的及时响应。

然而，在实际操作中，许多企业在实施全面预算管理时，常常过于关注预算编制，而忽视了预算的执行环节。有时，企业甚至通过灵活调整预算指标来降低预算目标，以此完成预算任务。缺乏预算处理或预算处理不统一，导致预算指标的有效性大打折扣，从而对公司的长远发展产生不利影响。

三、大数据时代企业全面预算管理的构建

（一）云计算战略

云计算作为新兴的新型计算模式，其核心理念在于实现资源共享与高效利用。这一模式不仅提供了数据存储与网络服务，更重要的是，它在超大型的分布式环境中展现了其独特的优势。

在云服务环境中，用户可根据实际需求定制个性化的服务。云服务环境可划分为三个核心层面：IaaS、PaaS、SaaS。这些层面为用户提供了从基础资源到应用软件的全方位支持，满足了不同用户的需求。

（二）大数据背景下的企业特征及应用

1.大数据背景下的企业特征

（1）能及时获得需要的会计资料。在网络信息时代，信息的获取变得更加便捷和迅速。云会计作为这一趋势下的重要应用，也在大数据环境中展现出其独特优势。企业能够通过云计算平台，轻松地获取所需的会计信息和数据，这一方式相较于传统方法更加简单、高效，极大地促进了信息的交互与共享。

值得一提的是，由于所有数据均安全地存储于云端，会计人员不再受时间和空间的限制，可以随时随地从云端下载会计资料。这不仅突破了传统工作模式的局限，也极大地提升了工作效率，使企业能够在激烈的市场竞争中保持领先地位。

（2）空间分离。对于现代企业而言，无须再购置庞大的存储设备以备份和整理会计信息，而是将全部信息数据统一上传至云端和中央处理器，有效实现了企业物理位置与会计数据存储空间的解耦。同时，以结构为核心的数据格式正逐步被以信息为主导的数据格式所取代，这一转变进一步推动了数据管理的革新与发展。

（3）资料相关性。如今信息的价值越发凸显，无论是庞大的大数据还是精细的小数据，均受到了企业的关注。随着云会计的蓬勃发展，会计信息作为交流的重要媒介，其地位越发重要。大数据分析旨在通过剖析数据间的内在关联，精准预测企业未来的发展方向。目前，对企业综合大数据的深入分析，旨在助力未来的市场规划与战略部署，为企业的长远发展奠定坚实基础。

2.大数据背景下全面预算管理在企业中的应用

（1）在企业信息化建设中的应用。随着大数据时代的蓬勃发展，云会计在企业信息化建设中扮演了至关重要的角色。通过将会计计算资源全面部署在云端，企业能够高效地将日常运营中产生的各类会计信息集中、统一地传输至云处理器，实现数据的集成、处理与分析，进而得出反馈，并分发给各个子系统。云会计凭借互联网平台实现了对外部经济活动的及时和有效控制，如网上对账、网上交易等，极大地提升了操作的便捷性。同时，内部信息处理也得以全面覆盖，确保符合企业自身的会计准则，为企业内外部提供了可靠的信息支持。

此外，云会计还具备实时监控公司财务状况的能力，可以有效防范财务风险，为公司的健康、有序发展提供了有力保障。

（2）在企业财务核算中的应用。随着信息技术的飞速进步，"云会计"应用的范畴已远远超越了单纯的会计信息数据处理，它已开始深度融入企业的财务会计流程的构建之中。借助云会计平台，企业得以高效进行日常经济活动中的各项业务操作，如合同签订、商品采购、业务执行等，"一站式"管理使操作流程更为流畅。

这些业务信息在云端经过自动化处理，可以生成详细的报表与数据，不仅重构了企业的业务流程，还提供了深入的反馈分析，以支持公司发展战略的精准制定。这种变革对于公司长远规划及财务会计战略的布局具有举足轻重的意义，为企业的发展注入了新的活力。

（3）在企业成本核算系统中的应用。云会计在推动企业成本核算系统的创新方面发挥着重要作用。其按需定制和服务的特性使得企业用户能按需求付费，极大地减少了会计核算的成本，省去了额外会计工作的开支，有效降低了企业的整体运营成本。

3.大数据与预算管理的关系

全面预算管理作为与公司战略紧密相连的关键管理手段，在公司战略执行与未来规划中的核心作用无可替代。它全面整合与控制企业各部门，确保整个企业系统的顺畅运行。在大数据、云会计等前沿技术的加持下，全面预算管理的时效性、全面性与可控性得到了显著提升。这种管理模式的实现，进一步推动了云会计的高效运作，二者相辅相成，共同助力企业发展。

在大数据背景下，新技术对全面预算管理进行了深度革新，使之形成一个更加完善的整体。首先，大数据与云会计的互补关系促进了企业预算编制的效率。传统的预算管理方式效率低下，反馈缓慢，而云会计的出现彻底改变了这一状况。预算计划一旦制订，即可在公司信息网络上实时共享，各级人员都能迅速获取预算信息，及时反馈目标，实现快速处理与集成，为制订更具体、更实用的预算计划提供了有力支持。云会计的应用不仅极大提升了预算编制的效率，也充分发挥了云中心平台的作用，提高了预算编制的效率与云技术的应用能力。

其次，随着云计算技术的不断发展，企业不仅能够进行内部纵向对比，还能在云系统中与外部同行业进行横向对比分析，全面掌握企业自身的财务能力、市场环境及行业整体竞争情况，并对未来一年的成本参数进行精准预测。这种实时更新的数据分析方式，使预算结果更加准确、灵活。

针对集团企业各部门间关联性差、预算任务难以统一调配的问题，云会计的实施提供了一个有效的解决方案。通过各部门间的信息共享与融合，实现了各子公司及各环节的统一协调，全面提升了集团企业的预算编制水平。

除此之外，大数据和云计算技术也促进了集团企业预算流程的优化。传统的预算流程因缺乏整体规划和互通性，导致效率低下且缺乏有效控制。而云平台技术通过建立统一的云技术中心数据库，以企业整体宏观视角分析各环节，构建以统一战略为导向的标准过程模型，进而优化预算流程，实现预算管理的规范化。通过云会计的统一协调，企业更加协调、统一，便于管理与控制，极大地节约了人力、物力，促进了公司整体的健康发展。同时，云会计平台的实时更新与透明信息，为预算过程中的信息流通提供了及时反馈，更好地实现了预算控制，相关部门可以根据战略需求动态调整预算流程，使其不断优化和完善。

最后，大数据和云会计的相互促进也推动了企业预算数据中心的建设。企业预算数据中心保存了企业预算的内部与外部数据，为企业提供了全面的数据分析与预算报告，帮助企业制定更全面、更实际的预算目标。这不仅体现了云会计与全面预算管理的互相促进，也标志着企业预算管理功能向战略管理与决策辅助方向的拓展，为企业长期可持续发展提供了坚实保障。

四、大数据与企业全面预算管理的融合发展

（一）大数据、云会计能够有效提升企业的预算编制水平

企业传统的预算计划编制和审批流程，往往依赖于烦琐的人工传递，既延长了预算计划和审批的周期，还削弱了预算的时效性。然而，借助云会计技术，预算编制过程能够实现上下联动的协同模式，云会计平台能迅速发布下一年度的企业预算目标，并广泛收集数据，以制定精准的预算策略。同时，子公司也能通过云平台更便捷地了解公司的预算政策和目标，实现预算计划的统一上传，从而大幅缩短预算编制的时间，提升预算编制的效率。

随着企业规模的不断扩大和经营效率的提升，单一的预算管理模式往往导致子公司间出现"信息孤岛"现象。而云会计平台则能够打破这一壁垒，将总公司与各个子公司的信息紧密连接，实现预算、绩效和战略的一体化管理。不仅可以加强企业内部各部门以及总公司与子公司之间的沟通与联系，还能有效提升企业预算编制的整体水平。

（二）大数据、云会计能够促进企业预算流程的优化

一方面，传统的企业预算程序因缺乏内部部门及子公司间的信息交互，导致预算环节重复、审批流程烦琐。而借助大数据和云会计技术，企业能够全面收集多维信息数据，构建战略分析模型，进而优化预算管理流程。在此基础上，企业可以推出分层定制服务，旨在满足各部门及子公司的个性化预算信息需求，同时利用大数据、云会计等技术，减少人为因素对预算过程的干扰，从而提高预算管理效率，降低企业预算管理的风险。

另一方面，大数据与云会计的运用实现了对预算过程中各节点的实时监控与反馈，确保预算控制贯穿于企业运营的全过程。这不仅能够让管理者及时发现预算中的偏差与错误，还能对此进行动态调整，极大地提升了企业预算过程的透明度与效率。

（三）大数据和云会计促进企业预算数据中心的建设

在传统的企业管理框架下，全面预算管理往往仅依赖内部数据进行分析，却鲜少借助外部数据，这在一定程度上导致了数据时效性的滞后，使得分析结果难以准确反映企业的实际经营状况。

然而，借助大数据与云会计技术，企业得以构建预算数据中心，这一创新平台为企业引入了外部数据，实现了对内外部数据全面、多维度的分析。不仅如此，该平台还能将企业的历史数据与相关行业数据进行整合分析，从而最大限度地发挥预算管理在战略分析方面的作用。

值得一提的是，预算数据中心具备实时更新数据的能力，使得预算编制与分析不再局限于事前阶段，而是贯穿事前、事中和事后的全过程。这种战略绩效的整合方式以结果为导向，为预算的实施与控制提供了坚实的保障。

此外，数据中心通过数据挖掘技术，将这些信息资源转化为企业的宝贵资产，进一步提升了企业深度学习的能力，为其在激烈的市场竞争中赢得了更多的优势，显著增强了企业的核心竞争力。

第四章 大数据背景下企业财务风险管理与内部控制

财务风险主要是指企业在运用债务融资时，因债务成本变动而引发的收益波动。企业之所以选择借入资金，旨在通过支付低于借款利率的税前成本（包括利息和所得税），从而增加公司的税后净利润。然而，一旦税前投资回报率未能超过贷款利率，由于负债利息的固定性，公司将会面临税后净利润的额外削减，即人们所说的财务风险。

在大数据背景下，企业面临着更为复杂的风险挑战。如何有效运用大数据所蕴含的信息，优化资源配置、强化内部控制、提升管理效率，成为增强企业综合实力与市场竞争力的关键所在。

第一节 大数据背景下企业财务风险管理

一、融资风险管理

（一）融资风险的含义

融资风险源于资金供求市场和宏观经济环境的波动，以及融资来源结构、币种结构、期限结构等多重因素，这些变动因素使得公司在筹资过程中出现预期结果与实际结果的偏差。融资活动是企业生存与发展的基石，其核心目标在于扩大生产经营的规模，并追求更高的经济效益。

一般而言，企业的融资风险既受到内部因素的影响，也受到外部因素的制约。内部因素主要包括融资结构和资本成本；而外部因素则涵盖经营风险、现金和资产的流动、金融市场及政策调整等。这些因素并非孤立存在，而是紧密相连，它们相互交织、相互影响，共同作用于融资风险。

（二）融资风险的类型

根据资金来源的多样性，公司的融资策略可细分为债务融资、股权融资以及混合融资。债务融资涵盖了银行贷款、债券发行、租赁融资和商业信贷等多种方式；而股权融资则主要由权益融资和内部保留收入构成；混合融资模式则巧妙地将债务融资与股权融资的优势融为一体。尽管传统财务理论常将融资风险等同于债务风险，但实际上，融资风险涵盖了股权融资等多样化融资方式所潜在的风险。

1.权益融资风险

权益融资风险，作为公司融资风险中的核心构成，其独特性在于不涉及还本付息的压力。这部分资金的风险集中体现在两个方面：一是公司控制权潜在分散的风险；二是可能导致公司资本成本上升的风险。

当企业通过吸收直接投资的方式进行融资时，必然伴随着成本的支付。具体来说，投资者往往要求根据投资额获得相应的管理权。随着外部投资者投资数量的增加，他们手中的管理权也将随之扩大，甚至可能达到对公司的绝对控制。

当公司通过发行普通股筹集资金时，新股的发行和新股东的引入都可能导致公司控制权的分散。此外，由于自有资金在使用过程中存在诸多不确定性，这也为融资过程带来了一定的风险。当资本使用效率不高时，公司难以满足投资者对投资回报的预期，从而导致股价下跌，融资难度增加，最终提高公司的资本成本。

留存收益融资则是一种将公司留存收益转化为投资的方式，其特点在于不向股东发放股利，而是将生产经营所得的净利润留在公司内部，相当于原股东对公司进行追加投资。留存收益融资具有两大显著优势：一是无须现金支出，二是不会对公司的控制权产生影响。然而，它也存在两大弊端：一是具有时间限制；二是需要在股利政策中权衡成本和收益。

2.债务融资风险

在公司债务融资的过程中，由于资金供求状况的不稳定及宏观经济环境的多变性等不确定性因素，公司的收益可能面临亏损，这被称为债务融资风险。债务融资潜藏着两方面的主要风险：一是公司可能面临破产的风险，并因此导致再融资能力的下降。原因在于，无论公司是通过发行债券、获得长期或短期贷款，还是借入资金，都需按照既定时间偿还债务。若公司无法产生足够的经济效益以按时偿还债务，其财务状况将陷入恶性循环，严重时甚至可能引发破产。

二是公司若负债过多，则会承受巨大的债务压力。当债务到期时，若公司无法按时且足额偿还，将直接损害其信用。这种负面影响不容小觑，因为它可能导致金融公司或其他潜在债权人不愿意再向该公司提供贷款或资金支持，进而削弱其再融资能力。

3.混合融资风险

混合融资策略可能为公司带来更高的风险，主要体现在财务负担的加重和发行成本的上升。具体而言，一方面若公司选择发行优先股筹集资金，需支付固定股利，且无法享受税前扣除的优惠，因此在盈利下滑时，优先股的股利将成为公司财政负担的沉重包袱；另一方面，尽管发行可转债能助公司以较高价格出售普通股，但一旦转股过程中普通股价格上涨，公司的实际发行成本将显著增加，远超过单独发行的成本。

从融资成本控制的角度来看，债务融资一般被视为企业的首选。然而，债务融资相较于股权融资而言风险较大,其中最为突出的是资金无法按时足额偿还的问题。负债融资要求企业按时足额偿还债务,一旦资金无法偿还,损失将完全由企业自行承担。为确保企业持续运营,企业必须确保按时足额偿还借款。与此相反,股权融资被视为一种长期投资,无须担忧回报问题。

在实际融资过程中,企业需全面权衡融资风险与成本,以确定最佳的资本结构,实现综合资金成本较低且融资风险较小的目标。企业只有将融资风险与成本合理匹配,才能使公司价值最大化,实现企业的长期发展。

二、投资风险管理

(一)投资风险概述

企业经营活动,包括投资活动在内,都有一定的风险。

(1)投资风险按分散程度可划分为可分摊风险与不可分摊风险。

(2)投资风险按投资目标可以划分为金融风险和实业资本风险两类。财务投资风险指的是影响公司财务投资收益的风险,主要表现为投资项目在投资过程中无法实现预期收益。

实业资本投资风险主要指的是与实业资本投资经营活动有关的风险,主要包括在企业内部的生产经营和对外的合营、合作等实业资本投资过程中可能出现的风险,也可以理解为项目投资没有达到预期收益从而产生的风险。

(二)投资风险的评估

对识别出的风险要严格地衡量,评估风险发生的可能性以及可能产生的损失,并对其进行系统性的风险评价,切实地掌握投资风险的程度。

1.对投资环境进行分析评估

投资主体的投资活动深受政治、经济、政策、技术等多重投资环境的影响。这些环境因素的变动既可能孕育出丰富的投资机遇,也可能为投资主体带来潜在的风险。投资机遇与威胁往往如影随形，时而共存，时而消失，它们之间的界限并非固定不变，威胁在特定条件下可能转化为机遇，而机遇也可能转变为威胁。因此，对于投资主体而言，进行投资活动时，细致的投资环境调查与分析显得至关重要，需要敏锐捕捉和把握各种有利的投资机遇，同时尽最大努力规避投资风险。

2.对投资风险进行科学预测

投资是一项长期且关键的经济活动，它要求投资主体在行动前进行周密的规划，包括科学地预测潜在的投资风险，深入分析这些风险产生的原因及其可能带来的后果。此外，为了有效应对这些风险，投资主体还需制定针对性的预防措施，以确保在最大程度上规避投资风险，从而将潜在的损失和风险都控制在最低水平。

3.开展可行性分析，科学地进行投资决策

投资决策作为确保投资活动稳健运行的基石，不仅涉及投资计划的精心制订，更贯穿整个投资活动的始终。通过运用尖端分析技术和科学的预测模型，可以对投资项目进行全方位、多角度的可行性研究与论证，涵盖技术评估与经济分析两大关键领域。

4.对投资收益与风险之间的关系进行分析

在市场经济中，投资主体在投入资本时，势必会面临一定的风险。关于收益与风险之间的平衡，投资者往往期望实现更高的投资回报率，同时也伴随着更大的风险。风险越高，获取收益的难度也相应增大。因此，投资主体在做出投资决策时，必须深入剖析收益与风险之间的内在关系，精准评估自身承担风险的能力。在合理的风险阈值内，投资主体应谨慎地选择投资目标，力求最大限度地降低投资风险，确保资本的安全。

5.对投资机会进行分析评估

在深入剖析投资环境的过程中，投资主体常常会发掘出诸多潜在的投资机会。然而，这些机会的落实往往需要足够的资本作为坚实的后盾。因此，投资者在做出投资决策时，应当审慎权衡各类投资机遇，同时结合自身的财务实力，理性评估投资规模，以确保投资行为既符合市场趋势，又符合个人的经济实力。

6.对投资风险进行分析评估的结果

经过对投资风险的深入分析和全面评价，可以将其归纳为两大类：一是投资风险已显著超过预设的可接受阈值；二是整体投资风险维持在可接受的范围内。

针对第一类情况，即投资风险已严重超标，投资方应迅速做出决策。若项目的总体风险远超评估基准，应果断终止或取消该项目。同时，为应对此类高风险项目，采取及时有效的补救措施，也是至关重要的。

针对第二类情况，即投资风险处于可控范围内时，投资方无须对项目计划进行大幅调整。此时，关键在于对已识别的风险进行持续监测，并深入调查以揭示可能存在的未知风险。对于已发现的风险，需细致核查，并根据实际情况采取必要的防范措施，确保项目的顺利进行。

（三）投资风险的控制

1.控制投资风险的途径

（1）组织结构图分析法

组织结构图分析法在企业风险辨识领域展现出了显著的优势，其特征在于能够精准地反映公司核心业务对投资项目的深远影响。组织架构图的设计涵盖了企业运营的多个关键维度，具体包括：企业活动的本质与规模，深入揭示了企业运营的核心特征；企业内部各部门间错综复杂的关系，揭示了企业内部的运作机制。另外，考虑到财务处理的实际需求，企业内部可划分为独立的会计单位，以保障财务部的独立运行。

（2）流程图分析法

流程图作为一种直观且连贯的呈现方式，能够形象地展示经济活动的全过程。其核心价值在于能够准确识别出经济活动中的关键环节，因为关键环节的缺失可能直接导致整个经济活动的失败。然而，值得注意的是，流程图分析法在揭示风险方面有其局限性，它只能表明风险是否存在，而无法进一步提供关于损失发生的概率以及潜在损失规模的具体信息。

（3）核对表法

在公司的日常生产经营活动中，往往会面临众多影响因素的考量。为了更精准地进行投资和管理决策，可以列出一份详尽的风险核对表，明确标注公司可能遭遇的各类风险及其成因。这份核对表将成为管理者在决策过程中的得力助手，只需简单浏览，便能迅速识别出潜在的投资风险，从而制定相应的应对策略。

核对表的内容丰富多样，不仅涵盖了项目成功与失败的关键因素，还包括了项目的详细产品及服务说明、资金筹措情况，以及实施过程中需考虑的宏观与微观环境等。通过综合考量这些因素，管理者能够更加全面地评估投资风险，做出更为明智的决策。

（4）经验、调查和判断法

企业可通过深入的调查和精准的判断，全面把握企业所面临的风险。例如，进行市场调研，广泛收集关于国家产业政策、投资区域经济态势、人口增长趋势等方面的关键信息。为了确保对风险的辨识达成共识，可以进行专家咨询，汇聚多方智慧。同时，采用专家会议法，将风险领域的专家们聚集在一起，共同辨识企业投资过程中可能出现的各类风险，以确保投资决策的准确性和有效性。

（5）决策树分析法

决策树分析法是将投资项目的现金流数据以图表的形式呈现出来，尤其适合于在一个项目周期中需要进行多个决策的情况。

（6）敏感性分析法

敏感性分析法旨在全面审视投资项目，当涉及投资的关键因素（如投资期限、市场利率、宏观经济环境等）发生变动时，这种方法将评估这些变化如何影响投资的现金净额和内部回报率。通过深入分析，人们能清晰地了解各因素如何作用于投资的现金净流量和内部回报率，从而帮助管理者精准识别那些对公司投资产生显著影响的要素。这种洞察力有助于企业更好地识别和控制风险隐患，进而降低企业面临的风险。

（7）动态风险监控方法

风险监控技术分为两种：一种是对产品的相关风险进行监控，另一种是对工艺风险进行监控。

2.投资风险管理的误区与克服方法

（1）着眼于未来市场

在制订投资计划时，投资者应避免盲目跟风，而应全面评估投资的风险，并提前做好充分准备。市场变化无常，即使跟随趋势，也不应盲目行动。只有以未来市场需求为导向，企业才能有针对性地进行投资，并准确把握机会。此外，企业的视野不应被当前市场局限，只有如此，才能在投资中取得成功。

（2）适度控制投资规模

在进行投资时，应考虑到风险和收益之间的平衡，合理地选择合适的投资项目，控制投资规模的。在进行投资的过程中，最好的办法就是分阶段进行投资，尽可能地避免一次性投资太多，从而使投资风险得到合理的控制。

（3）发挥灵活经营机制

企业要以经营智慧、产品质量、科技水平为自己的生存与发展奠定基础，积极推进产品创新投资项目，持续提高自己的竞争能力。同时，投资者应树立忧患意识，克服短期行为，从长远利益出发，把投资看作一个系统工程。

（5）细心选择实力相当的合作伙伴

企业应基于自身的实际情况，选择与其实力相匹配的合作项目。一方面，为确保自身在合作中的"话语权"，企业需审慎考虑双方权力的平衡；另一方面，应确保合作方的努力与责任相对均衡，避免差距过大，以减少潜在的投资风险。

（6）灵活掌握投资用途

把短期借款用于固定资产投资是企业财务管理的大忌，这不仅增加了投资风险，也影响了公司的正常运营。如果一家公司的流动资金被抽干了，那么它将直接面临财务和运营上的困难。

（7）客观识别报表真伪

企业在进行投资决策的时候，要客观地看待财务报表的作用，用一种客观的态度来对财务报表所反映的内容进行分析和甄别，这样才能做出正确的决策，让公司规避投资风险，获取更好的预期收益。

三、成本风险管理

（一）成本风险的分类

从管理的角度划分企业的成本风险，可以分为以下两个方面：

1.产品成本核算方面的风险或成本信息扭曲风险

若企业财务人员对产品成本的计算存在误差，将直接造成成本信息的失真，进而影响并可能误导企业的核心经营决策。目前，众多企业的财务人员对传统的产品成本会计方法有着深刻的理解，然而，对于经营产品成本、价值链产品成本的会计处理技巧及其重要性，他们的了解却显得相对有限。

随着我国经济市场化程度的持续加深，公司产品价格的精准度与企业整体经营成果之间的关系越发紧密。为满足企业在产品定价、组合策略以及战略性利润分析等方面的现实需求，必须确保对各个层次的产品成本进行精确核算。因此，企业财务人员应高度重视成本信息扭曲所带来的潜在风险，并采取相应措施进行有效管理。

2.成本上升甚至失控的风险

若企业无法精准识别并应对各类风险，便难以在激烈的市场竞争中脱颖而出。在全球金融危机的背景下，各国纷纷采取宽松的货币政策和积极的财政政策，导致大宗商品和原材料的价格迅猛上涨，加剧了国内企业成本失控的潜在风险。因此，企业管理者必须摒弃传统的成本管理模式，强化成本预测能力，精准把握成本控制的关键环节。在战略、操作、控制三个维度上，要采取多管齐下的策略，全面有效地进行成本控制。

（二）成本风险管理的目标

成本风险管理的核心在于有效管控和降低成本费用，旨在最大化企业利润，提升整体经济效益。具体实践包括：确保货物或产品采购的经济合理性；保障收入表中销售成本的公正和准确性；实现经费预算的科学与合理性；严格执行预算规定；确保各项费用支出合理，实现开支的节约；精确核算各项费用，保障其真实、准确、完整；遵循财政部及公司的相关规定，进行费用预算；依照国家法律法规进行费用支付。

关于生产成本风险管理，其目标主要包括：一是企业经营目标，通过合理组织生产、优化生产流程，实现资源利用的最大化，降低成本；二是财务指标，确保生产成本的归集、分配和分摊合理，保障成本数据的真实、准确、完整；三是合规目标，严格遵守国家法律法规及公司内部的规章制度。

期间费用风险管理的目标则包括：一是经营目标，确保开支的合理性、经济性和有效性；二是财务指标，保障费用计算的真实、准确、完整；三是合规目标，确保费用支出符合国家法律法规和公司内部规章制度的要求。

（三）成本风险的识别

从生产成本的角度出发，大部分企业的内部控制手册将其风险细分为以下几类：

（1）经营风险。主要表现为预算编制的失当、审计的疏忽，这些均对成本控制产生了负面影响，导致生产损耗和费用支出的增加。此外，人为的欺诈行为和不准确的统计数据也造成了成本信息的失真。值得注意的是，盲目降低生产成本往往会牺牲产品质量和产品结构。

（2）金融风险。在成本费用的归集、分配和摊销方面，若未能得到合理的处理，或成本费用未按规定进行结转，都将导致企业的生产成本无法得到真实的反映。

（3）合规风险。主要源于对国家相关法律法规或公司内部规章制度的违反，从而引发的惩罚性后果。

从成本风险的角度来看，企业内部控制手册将其风险划分为以下几类：

（1）经营风险。经营风险主要表现为支出不合理，造成资源的浪费和资产的损失，进而影响企业的整体效益。同时，成本控制效果不佳也是这一风险的重要表现。

（2）金融风险。金融风险包括欺诈、舞弊和报销虚假开支等行为，以及费用在归集、分配、分摊上的不合理处理。

（3）合规风险。主要是由于费用支出未能遵循国家法律法规和公司内部规章制度而导致的损失。

（四）成本管理风险的控制

1.制定成本费用风险管理制度

（1）成本定额和费用预算制度

在生产环节，制定成本定额与费用预算体系尤为重要。由于成本与费用的节省意味着利润的增加，因此制定成本定额并实施费用预算已成为许多企业所关注的问题。

（2）财产安全控制制度

资产安全管理体系是指为保证企业资产、材料的安全与完整性而采取的各项措施和方法。在生产环节上，应采取永续盘存制和实地盘存制相结合的方式，确保物料的账实一致。

（3）人员素质控制制度

具体做法主要有：对员工进行职业技能考核，合格者方可上岗；建立定期的员工培训体系，不断提高员工的专业技术素质；建立奖惩机制，对员工的工作积极性、责任感等起到激励作用。

（4）成本费用的分析、考核评价制度

在每一期结束时，应对这一阶段的成本、费用进行评估，以便及时修改，并制定下一阶段的成本、费用预算。

2.成本风险控制的关键环节

（1）生产成本风险控制的关键环节

生产成本风险控制流程涵盖了多个关键环节。首先，需制订并发布精确的生产计划。其次，由专业部门负责编制成本费用预算，并将其细化分解为具体的成本费用项目。在此基础上，相关部门进行原料的采购、领用以及生产的组织，确保整个流程的有序进行。随后，专业部门会对产生的成本费用进行详尽的统计，其中包括对成本的归集和计算，以及对产品的生产成本进行精确核算。完成生产后，成品将进行入库管理。最后，相关部门还会对整个流程中的成本费用进行深入分析，以便不断优化生产效率和成本控制。

（2）期间费用风险控制关键环节

成本风险控制期间的关键环节包括：费用预算的分解、落实、控制、核算、分析、考核、奖惩。

（3）生产成本风险控制证据

生产成本风险控制的证据具体包括：月度、季度及年度的详尽生产计划、精准的成本费用预算、材料和动力消耗定额标准、采购规划、精确的领料计划、领料效果的综合评估报告、详尽的计划定价表、材料出库单、动力平衡表、物料平衡表、针对非正常停工的深入分析报告、详尽的运行记录、全面的巡视记录、细致的材料申领计划及出库核对表、库存盘点表、精确的生产辅助工时分配表以及产品合格证等。

3.管理报告的可靠性风险及其管理

报告的可靠性无疑是企业内部控制体系中不可或缺的一环。不仅仅体现在财务报表的精确性上，更涵盖了内部管理信息的可信度。

从管理者的视角来看，成本信息的不准确性对企业而言，其潜在影响是极其严重的。以国内一些公司为例，这些公司的产品定价策略往往由采购方决定，并采用成本加成法。然而，在高度市场化、竞争激烈的环境下，产品成本信息的任何不准确都可能对公司的运营和长期发展产生深远影响，甚至可能导致灾难性的后果。这些不准确的成本信息会直接干扰或误导公司的经营决策，从而影响其经营目标的实现。

另外，对于忽视管理报告所提供的信息的企业，应当构建并完善其内部控制体系与程序。

4.成本失控风险管理

企业可采取以下措施对成本上升带来的风险进行管理：

首先，企业需要强化战略成本管理，以实现企业在战略层面上的突破。对于一家企业而言，成本并非单纯地追求低廉，而应根据公司特定的竞争战略进行合理的设计、核算和管理。对于集团公司来说，战略层面上的成本管理强化同样至关重要。

其次，在操作层面，企业必须深入挖掘并充分降低运营成本。

除此之外，企业应基于价值链理论进行成本管理。为了满足企业在定价、产品组合及战略性利润分析等方面的需求，产品成本应全面覆盖价值链各个环节的所有支出。企业战略成本管理的核心在于对企业价值链的深刻理解和把握。一个行业的价值链，其实质是一系列价值活动的集合，这些活动从生产或购买基本原料开始，一直延伸至最终用户对产品的处理。价值链成本分析通过系统地设计与管理企业内部价值链中的各个环节的成本与价值，旨在满足顾客需求的同时，实现企业内部价值链系统的优化。在成本管理过程中，管理者应紧密关联价值创造，对每一项成本费用进行审核。

四、预算风险管理

（一）预算风险管理概述

大多数企业的首席财务官（Chief Financial Officer，以下简称为CFO）都深有同感：一旦预算指标确定，支出和费用的管理似乎总是游刃有余，而要实现预期的收入和利润则困难重重，形成了"花钱如流水，盈利却艰难"的局面。该现象的出现主要是因为管理者对预算内在缺陷的忽视，未能将企业战略、业务计划与预算紧密衔接，未能根据企业的行业特性、经营策略和管理实际选择恰当的预算管理方法。同时，企业也缺乏对预算管理各环节风险的精准识别、科学评估与有效管理。在预算管理的过程中，现代科学的预算管理理念和方法未能得到充分的运用。企业只有不断提高规划、预算的能力，持续优化预算管理流程，稳步提升预算执行的精准度与效率，才能取得成功。

预算管理是一个不断完善的过程，主要有以下几方面的内容：

（1）预算编制部分。它包括预算目标的确定、预算目标的执行，以及预算的汇总和审批。

（2）预算实施和控制。其中，包括对预算执行情况进行反馈和分析，并根据环境的变化对预算进行修正和调整。

（3）预算评估。在预算管理的各个环节中，都存在着不同程度的风险，因此，必须制定相应的内部控制流程，加强对预算的管理。

一个企业的运作必须有相应的计划，预算管理正是这种计划思想的体现。只有做好预算管理，才能使企业的经营步入正轨；忽视预算管理，企业将面临财务风险。

（二）预算风险的识别

财务预算风险的识别主要包括以下几个方面：

（1）在财务预算中，风险识别主要关注两个方面：一是预算编制是否与实际运营情况脱节；二是财政预算是否未经有效批准。

（2）关于财务预算实施的风险识别，主要包括：财政预算执行是否建立了全面的责任体系；是否将年度预算细化为月度、季度预算，实施分期管理以确保年度预算目标的达成；预算内资金是否按照授权审批程序拨付；各预算执行单位是否定期汇报其财政预算执行情况。

（3）在财务预算调整的风险识别中，企业需关注：是否对未满足调整条件的财政预算进行了调整；财务预算调整是否未经有效批准，以及调整事项是否偏离了公司的发展战略和年度预算目标。

（4）在全面预算的风险识别上，需重视的问题包括：财务预算评审是否准确评估了本单位及其各单位在预算期间的风险水平和运营状况，识别出本单位与同行业间的差距及其成因，并据此制定风险防范策略，避免影响员工的工作积极性。

（三）预算风险的评估

（1）企业应构建完善的财务预算分析系统，预算管理委员会应定期召集财务预算执行分析会议，全面了解财务预算的执行状况。对于执行过程中出现的问题，需提出切实可行的对策和措施，并对产生的偏差进行及时纠正。

（2）为深入实施财务预算分析，企业财务管理部门及各预算实施单位需广泛收集财务、业务、市场、技术、政策、法律等多方面的信息。依据实际情况，灵活运用比率分析、比较分析、因素分析和平衡分析等方法，从数量和质量两个维度全面把握当前状况、发展趋势及其对预算实施与完成的影响。对于财政预算实施过程中出现的问题，财务管理部门和各预算实施单位需全面、客观地分析偏差产生的原因及其对预算实施的影响，提出相应措施和建议，并报告至公司董事长或总经理办公室以供研究。

（3）财务预算差异分析应由差异责任方主导或参与，进行全面、深入、细致的分析，以找出导致差异的根本原因。可能的原因包括：现行管理制度、业务流程或操作规定的不合理或复杂性；管理人员及员工在工作中未遵守相关规定；企业外部的环境因素等。

（4）从企业整体角度出发，以投资收益率、剩余利润和销售利润率为核心指标，对财务预算风险进行综合评估。

（四）预算风险的控制

财务预算风险管理的具体目标是：规范预算编制、审批、执行、分析与考核；提高预算管理的科学性和严肃性；促进企业实现预算目标。

1.预算编制的风险及其管理

（1）预算编制的风险

预算编制阶段是预算执行的基石，因此，识别并防范此阶段的重大风险显得尤为重要。预算编制过程主要包括预算目标的设定与传达、预算编制与提交、预算审核与调整，以及最终的预算审批。以下是预算编制阶段可能面临的主要风险：

第一，公司目标的设定若过于宽泛或狭窄，缺乏明确的长期目标和策略规划，可能导致预算偏离实际。

第二，公司的运营战略与功能战略若不匹配，可能导致预算实施困难。

第三，长期规划与公司年度经营计划若衔接不紧密，未能充分分析公司内部管理与外部环境，可能导致总部与分公司在预算目标上产生分歧，进而使年度目标设定不合理。

第四，企业内部及各部门间若缺乏有效的统筹协调，可能导致在资源配置上产生冲突，如销售预算、生产预算与资金预算未能有效结合，进而影响订单的完成。

第五，预算指标若过于单一，仅关注营业收入、利润等短期目标，而忽略资产负债表、现金流量表等全面指标，可能导致预算的片面性。

第六，预算"假设"若不能随着市场环境和经营条件的变化而及时调整，如原材料价格、售价、雇员报酬、税收等关键因素的变动，可能导致预算与实际脱节。

第七，预算编制若存在滞后现象，则可能导致预算无法及时指导经营活动，失去其应有的作用。

（2）预算编制风险的管理

在预算编制过程中，风险管理应特别关注以下几个方面：

第一，需要对企业的使命、愿景、战略方向、战略计划、年度经营计划和财务计划（预算）进行协调，明确企业进入特定行业的限制条件及战略目标。

战略计划是在有限条件下制定的战略性决策，而企业的年度计划和预算则决定了策略的具体执行，即更详细的行动方案。

第二，科学合理的预算目标对企业预算管理的成功至关重要。为此，需加强对基础资料的收集和管理，为预算目标的制定提供可靠依据。提高预测精度，及时分析外部环境变化和竞争对手的经营战略，以合理确定销售收入、成本、费用和利润等指标。全面的预测有助于避免不现实的假设和内部指标间的不一致。

第三，在分析前一年经营业绩的基础上，结合公司经营水平、季度变化、行业发展趋势和成本可控性，为每个部门制定切实可行的目标。预算目标需平衡短期与长期、财务与非财务、超前与滞后、对内与对外等方面的关系，以避免给预算实施与评估带来隐患。

第四，大型企业应运用先进的预算管理软件，提高预算编制和汇总的自动化水平，确保预算信息能得到及时传达，减轻管理者在海量数据处理中的负担，从而更好地支持公司的长远规划和经营战略。

第五，加强预算编制过程中的控制，明确编制依据、程序和方法，确保预算编制的科学性。

第六，明确预算管理部门及编制程序，包括预算目标的制定与分解、预算草案的编制、汇总平衡的原则和要求、预算审批步骤及执行方法等。

第七，年度预算编制应在预算开始前完成，并经上级主管部门批准后以书面形式下发。对于实行滚动预算的企业，其审批程序应参照年度预算方案执行。

第八，企业可采用固定预算法、弹性预算法、零基预算法、滚动预算法和概率预算法等多种方法。在制定预算时，应遵循经济活动规律，结合企业自身的业务特征、生产经营周期和经营管理要求，选择适合的预算方法。预算编制应全员参与，上下结合，分级编制，层层汇总，全面平衡。企业预算主管部门应加强对预算编制工作的指导、监督和服务，及时报告编制中遇到的问题。

2.预算执行的风险及其管理

(1) 预算执行环节的风险

在企业预算的实施过程中,核心环节涵盖预算执行与控制、预算分析与反馈、预算调整。在预算实施过程中主要存在以下风险:

首先,各责任制中心的管理重心模糊,缺乏明确的职责划分。

其次,产品成本核算的不准确性可能导致产品价格产生偏差,进而影响产品的市场竞争力与利润目标的实现。

再次,预算分析报告的编制缺乏全面性和深度。报告往往缺少历史基础数据、行业数据以及同业对比,对经营数据的分析不足,难以揭示潜在的经营风险,也无法准确评估经营战略变化对财务后果产生的影响。

此外,企业难以根据外部环境及市场的变化灵活调整经营计划和预算,这可能导致资源配置不当或预算的随意调整。

最后,预算执行与控制的效果不佳,成为制约预算目标达成的关键因素。这主要源于预算审批权限的过度集中、重复审批现象以及预算执行的随意性。深入分析其原因,可以发现预算指标的不细化、执行目标的模糊性、监督反馈机制的缺失以及预算审批权限与程序的不明确或不严格执行等问题,导致全面预算工作的受阻,导致预算目标难以实现。

(2) 预算执行环节的风险管理

财政预算实施的调控应聚焦于以下几个方面:首先,确保对经济行为实施严格的监管,以充分达成公司董事会设定的目标,并发挥积极的激励作用,实现奖优惩劣。其次,全面预算的落实涉及预算的执行、对实际执行情况的监测、统计资料的审核等。在预算编制与管理的关键环节中,应着重关注以下几点:

第一,强化对各责任中心的预算控制。企业预算按其内容和层次,可细分为销售预算与生产预算,以及分公司预算与本部各职能部门预算。然而,许多企业对管理费用和生产成本控制方面过于关注,却忽视了销售收入、存货及采购成本的控制,而这些恰恰是导致企业预算执行效果不佳的主要原因。

第二,根据外部环境的变化,精确核算产品成本。很多企业,特别是大型企业，在进行成本核算时已采用物料计划成本与人工定额相结合的方式。然而，随着市场环境的不断变化，企业需及时修订材料的计划价格、消耗定额和劳动定额，以避免成本计算的失误。

第三，结合成本控制与价值创造。

第四，完善财政预算实施的早期预警体系，优化财政收支状况。通过编制预算业绩评价报表，对企业实施有效的监督管理，建立健全的内部风险预警体系。

第五，在预算调整方面，避免过度强调刚性和严肃性。当遇到国家政策和规定的重大改变导致预算产生严重偏差，或因市场环境、运营条件和经营方针的变化使预算不再适用时，企业应主动、及时地进行预算调整。

第六，加强对预算实施全过程的监控，明确预算目标的分解方法，建立完整的预算实施责任制，重点关注重要预算事项，审核财政支出，制订详细计划，确保预算的顺利实施。

第七，企业应建立预算实施责任制，并根据责任制指标，定期或不定期地对相关部门和人员的责任制目标完成情况进行考核。

3.预算考核的风险及其管理

（1）预算考核环节的风险

在预算评审阶段存在的风险主要有：

第一，预算评价往往流于形式。

第二，绩效操纵现象屡见不鲜。近年来，部分预算单位在面临预算目标难以达成的情况时，频繁采用"业绩操纵"的手法。特别是在年度预算目标相对单一时，这种操纵的可能性更加明显。常见的操纵手段包括提前确认收入、推迟必要费用支出、增加库存等。

第三，仅基于预算执行结果来评价预算单位的绩效，并给予相应激励，这种评价方式显得过于片面。当前，部分企业在预算管理中存在考核指标模糊、考核难以量化、权重设置不合理等问题。

（2）预算考核环节的风险管理

第一，企业需要构建一套科学的绩效评估体系，并以此为基础，妥善解决在预算管理中存在的问题。企业的业绩评价需要与预算目标制度紧密结合，通过对比预算目的与实际实施效果，有效避免考核评价时的分歧。

第二，预算评估的内容应明确化，涵盖预算目标评估与预算系统运作评估两个方面。预算目标以经营效率和效果为核心，包括财务指标（如收入、利润、资产周转率等）、非财务指标（如市场占有率、客户满意度等）以及长期目标（如研发、广告宣传、渠道拓展等）。预算制度的运行评估则是对各预算单位预算管理水平的全面检验，如预算的准确制定与及时执行、预算调整的合规性、预算分析报告的质量等。许多国内企业常忽视预算管理系统的运行状况，导致预算管理水平难以提升。

第三，加强财政预算的审核。企业应建立严格的业绩评价和预算实施考评制度，在公开、公正、透明的原则下对各预算实施机构及人员进行考核，并根据考核结果进行奖惩，以持续提升企业的预算管理水平。

第四，预算年度结束时，财务预算委员会需向董事会或经理办公室汇报，依据预算完成情况和审计结果对预算执行单位进行评估。

第五，企业内部预算执行单位提交的财务预算执行报告，需按照内部议事规则，经本单位负责人审议通过，并作为企业财务评估的重要依据。

第六，企业财务预算需根据调整后的预算进行执行，预算完成情况以年度报告为依据进行衡量。

第七，评估企业的财务预算执行情况是一项重要工作，应与年度内部经济责任考核相结合，与预算执行单位负责人的奖惩挂钩，同时作为企业内部人力资源管理的重要参考。

第二节 大数据背景下企业财务管理的内部控制

一、大数据时代企业内部控制的现状

（一）企业内部控制的创新性和突破性

从理论层面来看，大数据已在各领域广泛应用，其特征主要体现在数据量的庞大、价值密度相对较低、类型的多样化、处理能力的卓越、处理速度的迅捷等。然而，随着企业的不断成长，产生的海量数据却在一定程度上阻碍了企业内部控制的优化。

首先，需要转变企业内部控制制度的运作方式。在大数据背景下，企业不断对云计算进行创新与发展，利用专用的计算机数据处理中心来处理内部数据信息，实现了会计工作的全面电算化。这一转变将人工系统控制与计算机系统控制有机结合，使得企业的内部控制从单纯的人工控制转变为对人和计算机数据的双重控制。

其次，需要拓展电脑数据处理系统的操作范围。随着大数据时代的到来，企业内部控制也面临着新的变革。企业需建立内部控制管理体系，组建专业的团队进行控制与运行，这是一项既复杂又烦琐的工作。因此，企业内部控制的范围逐渐扩大，在继承传统内部控制特征的同时，还需加强对内部控制系统安全、系统使用权限、计算机病毒防护清除、内部控制小组监控以及维修人员岗位职责等多方面的控制。

（二）企业缺乏适应性和发展性

国内企业的传统内部控制体系主要聚焦于满足监管部门的监督与考核标准。然而，它同样根植于企业的发展需求，通过识别并强化生产经营中的薄弱环节，制定切实可行的相关规定，对企业各经营环节和细节实施严密监控，从而提升企业财务会计工作的效能。企业内部控制体系具有广泛的涵盖面，它能促使企业全员参与，确保长期战略的有效实施，并对短期经营方针给予重视，充分体现了企业内部控制的全局性。

（三）管理机制有待完善

第一，随着大数据的全面覆盖，企业内部控制的重心已逐渐由对各级管理人员的控制转向对企业财务数据的输入与输出，以及对人工处理与计算机处理的控制。

第二，企业应构建一种动态的监督机制，精准识别与评估风险，并构建覆盖生产经营全链条的预算控制系统。在此基础上，应充分利用大数据为企业创造的广阔发展空间，构建健全的内部控制发展机制，推动企业内部管理制度的革新，强化财务数据的保护措施，并加大安全措施的执行力度。

二、大数据背景下促进企业构建有效内部控制的对策

（一）建设良好的内部控制环境，保证财务数据的真实性

首先，对于公司治理结构的改革势在必行，企业应进一步强化董事会和监事会的监督职能，并在内部审计监督机构中增设专业的信息管理部门，确保其与现有内部审计机构的高效协同工作。

其次，企业需制定一系列针对性的安全防护措施，包括但不限于设立先进的防火墙设备，有效抵御黑客攻击；建立完善的数据修补程序，以防系统异常导致的数据丢失等。

最后，企业应对网络环境进行全面深入的分析，精准识别公司信息系统中

潜在的薄弱环节。对于数据被篡改、非法授权、财务数据被删除等突发情况，制定相应的应急响应机制，并结合其他控制措施，力求将网络风险降至最低。

（二）建立健全信息化安全管理制度，降低内部控制的风险

为了确保公司战略目标的有序推进，保障财务数据的真实准确，从而达成企业的生产经营目标，进而减少外部威胁，降低内部控制风险，公司应着重对信息化安全管理体系进行以下几方面的改进：

首先，公司需全面分析现有企业信息化系统的体系架构，准确预测风险的可能性。企业应从网络攻击者、同行业竞争者及恶意网络破坏者三个维度，深入剖析企业信息系统的薄弱环节，并强化对核心机密数据的保护措施。

其次，企业应建立健全突发风险响应机制，针对不同类型的信息安全风险，制定并执行相应的预防措施。例如，实施系统自动备份及数据恢复机制，以应对内部管理系统可能出现的瘫痪状况；部署先进的防火墙设备，以抵御潜在的黑客攻击；同时，建立多访问控制机制，确保权限修改的唯一性，有效防止权限僭越问题。

最后，企业在信息化安全风险管理中应坚持预防性控制与发现性控制并重，力求将风险控制在萌芽状态。对于已发生的失误，要迅速进行纠正，确保事前防范、事中管理与事后处置的有机结合，从而全面提升企业的信息化安全管理水平。

（三）设立风险动态监督系统，完善网络内部控制措施

为了满足企业的发展需求，企业应持续完善内部控制与监控机制。具体而言，企业需要贯彻从上至下、由内而外的监督理念，构建多层次的动态监督体系。通过精准制定并持续监控企业总战略目标，企业能够全面掌握企业的内部控制状况。此外，企业还可以聘请专业的外部审计机构，对公司的内部控制制

度进行严格的审核，并出具详尽的审计报告，以进一步改进和完善公司的内部控制制度。

在监督与情报交流方面，公司应充分发挥自身和内网各自的优势，建立高效的信息共享渠道，确保公司内部网络的畅通无阻，这不仅有助于提升监控效率，还能推动公司内部控制制度的持续改进和优化。

第五章 大数据背景下企业投资决策管理

第一节 企业投资决策的方法

企业通过精心收集相关数据,特别是现金流信息,能够运用评价投资方案的各项指标,深入分析和评估各个长期投资方案,从而做出是否采纳相关投资方案的明智决策。在投资决策的分析方法上,依据分析评价指标的不同,可以把企业投资决策的方法分为两大类:非贴现法和贴现法。非贴现法虽未涵盖货币时间价值,但其计算过程相对简洁明了;而贴现法则充分考虑了货币的时间价值,使得分析更具科学性和合理性,尽管其计算过程相对复杂一些。

一、非贴现投资决策法

非贴现的投资决策方法主要包括投资回收期法及平均报酬率法。

(一)投资回收期法

回收期即投资项目收回全部投资所需的时间期限,对于企业而言,倾向于选择短期内能全额回收投资的方案,以防范潜在的突发事件。投资回收期法具备计算简便的优势,然而,其局限性亦不容忽视,主要体现在对资金时间价值的忽视,以及对投资回收期结束后现金流状况的忽略。在现实情境中,那些具备战略意义的长线投资,通常在项目前期收益较为微薄,而在中后期则可能实现较高的收益。遗憾的是，传统的回收期方法并未充分考量投资回收期结束后的现金流动态。

（二）平均报酬率法

年平均投资收益率是衡量投资方案效益的重要指标，它主要将平均年利润与初始投资额进行对比。应用此方法时，首要步骤是计算每一种投资方案的年均收益率。若采用年均收益率指数作为评估工具，则必须预先设定期望的年均收益率水平。在最终决策时，只有那些收益率超过预设标准的方案才会被选中。

年平均报酬率法的优势在于其直观性和易用性，能够清晰地展现各种投资方案的收益率水平。然而，它也存在一定的局限性，主要是未能充分考虑到资本的时间价值因素，以及建设期长短和投资期限差异对投资效益的影响。

二、贴现投资决策法

贴现投资决策法考虑到资金的时间价值，对未来现金流进行折现，使收入和成本在同一时间点进行比较，更具有科学性。折现法主要有折现净现值法、内含报酬率法和收益指数法等。

（一）净现值法

净现值指的是投资项目投产后所生成的现金流量，在通过资金成本率或企业期望的报酬率折现后，扣除初始投资所剩余的金额。当折现率等同于资金成本时，净现值为正即意味着项目可回收成本并为股东创造价值；若折现率为预期的报酬率，净现值为正则意味着该项目能够获取超过预期的额外回报。对于单一的采纳与拒绝决策，选择净现值为正的项目，而拒绝净现值为负的项目；当面临多个备选方案时，则应挑选净现值最大的正数项目。

净现值法作为常用的投资评估手段，其优势在于：充分考量了资金的时间价值，增强了投资经济评价的实用性；全面纳入了项目计算过程中的所有现金流，展现了项目的流动性和收益性的统一；在考量投资风险的基础上，通过调整贴现率来控制项目的投资风险。

然而，净现值法亦有其局限性。由于其净现值为绝对值，无法直观反映投资项目的动态回报率，从而影响投资决策。当投资额存在差异时，仅凭净现值法可能无法有效评价投资项目。因此，在计算净现值时，必须对现金净流量进行精准预测，并对折现率进行合理选择。

（二）内含报酬率法

内含报酬率，指的是当投资项目的净现值恰好为零时所对应的折现率，它精准地体现了投资项目的真实收益，也是最大的资本成本。在计算时，常采用"分步试验法"，先初步估计折现率，进而计算项目净现值。若净现值为正，表明计划本身的报酬率超出预估的贴现率，此时应提高贴现率并再次检验；反之，若净现值为负，说明计划报酬率低于预估贴现率，需降低贴现率后再次检验。经过数次调整后，直至找到使净现值趋近于零的折现值，即项目的内含报酬率。若对试验结果的精度存疑，可采用"插值法"进行优化。

内含报酬率法基于项目自身的内含报酬率对项目进行评价。当选择唯一时，若项目的内含报酬率高于必要报酬率或资金成本比率，则选择该方案；反之则不予采纳。在多个替代方案并存时，企业应选择内含报酬率最高的方案，但前提是该方案的内含报酬率仍需高于必要报酬率和资金成本比率。

随着企业信息化程度的提高，许多企业已利用财务软件或 Excel 等工具，轻松生成内含报酬率等关键指标，使得计算过程更为简便。内含报酬率指标也逐步成为企业决策的重要依据。

内含报酬率法的优势在于它充分考虑了资金的时间价值，并从相对指数的角度揭示了投资项目的回报率。然而，内含报酬率法也存在一定的局限性。内含报酬率基于一种假设，即每期收回的资金均能再投资，且再投资所得的利息与内含报酬率一致。这种假设在现实中往往难以实现。此外，即使内含报酬率较高，但如果项目的收益有限，那么它可能并非是企业的最佳选择。内含报酬率与项目风险成正相关,即内含报酬率越高,项目的风险也越大。当投资计划的现金流呈现交错式分布时,那么该计划可能存在多个内含报酬率,这在实践中也增加了选择的难度。

(三)获利指数法

获利指数又称现值指数,是投资项目未来收益现值与初始投资金额之间的比率。在决策过程中,若面临单一选择,当收益指数大于1时,通常被视为可接受的投资项目;反之,若获利指数小于或等于1,则该投资项目可能不被接受。而当有多个备选方案时,企业应优先考虑那些收益指数大于1的方案。

获利指数法具有显著优势:首先,它充分考虑了资金的时间价值;其次,能够真实反映项目的获利能力。此外,由于该方法采用相对数表示,使得比较具有不同初始投资额的投资方案更加便捷。

然而,获利指数法也存在一定的局限性。它主要反映了企业获取收益的能力,却未能直接体现企业的实际收益。此外,该方法在评估互斥项目时,未充分考虑到投资规模的不同,这可能会导致企业在多个互斥量中做出错误的选择。

三、投资决策方法的比较

(一)贴现法与非贴现法的比较

非贴现法中的投资回收期法和平均收益率法通常将不同时点的现金收入和支出视为无差别的资金,从而忽视了资金的时间价值这一关键要素,进而可能导致对项目利润率的估计过于乐观。尽管修正后的投资回收期法能够反映投资的回款效率,但它并未涵盖投资的核心目标——净现值的最大化。

(二)净现值法、内含报酬率法及获利指数法的比较

净现值法、内含报酬率法和获利指数法各具特色,但它们之间也存在着紧

密的联系。具体而言，当某一方案的净现值大于0时，其内含报酬率会高于折现率，同时获利指数也会超过1；反之，当方案的净现值为0时，内含报酬率将与折现率相等，获利指数则恰好为1；而当净现值小于0时，内含报酬率将低于折现率，获利指数也将小于1。

在大多数情况下，采用净现值法、内含报酬率法和获利指数法对项目进行评估，所得结论往往趋于一致，但细微之处仍可能会有差异。

1.净现值法与内含报酬率法的比较

第一，不同的投资规模对项目的内含报酬率和净现值有着显著影响。当一项工程的投资规模大于另一项时，其内含报酬率可能会更高，而净现值则可能相对较小。

第二，现金流动的时间分布也是投资决策中的关键因素。不同项目在前期可能表现出不同的现金流量特征，有的项目前期现金流量较大，有的则相对较小。在净现值法中，假设现金流入再投资能够获取与贴现率相等的利润率；而内含报酬率法则假定现金流入再投资能带来与原投资相同的获利率。这一假定在实际操作中往往难以实现，因此，与内含报酬率法相比，净现值法中的再投资假定更为合理。

第三，企业还需要考虑多重内含报酬率并存的情形。当一项投资计划在不同年份的未来现金流存在正、负两种情况时，可能会产生多个内含报酬率，这使得基于内含报酬率的投资决策不再具有唯一性。

2.净现值与获利指数的比较

净现值和获利指数虽然基于相同的信息进行项目评估，但它们在评价投资项目时可能会产生不同的评价结果。具体来说，净现值关注的是投资回报的绝对值，而获利指数则侧重于投资回报的相对价值。因此，在面临初始投资不一致的情况下，两者可能产生不同的评价结果。

在无资金限制的环境下，若某一方法能同时满足以下两个条件，它便被视为一种理想的投资决策工具。首先，该方法需要全面考量项目全生命周期的现金流；其次，在筛选互斥性项目时，它应该能够选择出能最大化企业价值的项目。

综合考虑多种评价指标，可以发现净现值法在满足上述两个条件时表现较为突出，且不受资本限制的影响。因此，净现值法通常被认为是较为合理的投资决策方法。

（三）项目投资决策方法的几种类型

1. 差量分析法

固定资产更新是指针对在技术、经济等方面已不适宜继续使用的旧设备，采用全新资产替代或利用先进技术进行局部改造的策略。随着现代科技的日新月异，机器设备的更新换代速度亦随之加快。在现代企业中，为了提高企业的竞争力和生产运营能力，固定资产更新决策显得尤为重要，它涉及对固定资产更新方案的深入分析与精准决策。

当新老设备的使用年限相同，企业在进行投资决策时，通常采取以下两种方法：一是分别计算新设备替换老设备和继续使用旧设备所带来的现金流量，进而比较两种方案的净现值；二是运用差异分析法来评估两种方案的优劣。

假定存在两个互斥量方案 A 和 B，它们具有相同的投资周期。

首先，比较两种方案各期现金流量，求出各期的 △现金流（现金流 A、现金流 B）。

其次，以 △现金流量为基础，分别计算两种方案的 △净现值。

最后，以 △净现值为依据进行判断：若 △净现值>0，则选择 A 方案；如果 △净现值小于 0 时，则选择 B 方案。

如果净现值 A=0，那么 A 和 B 两个方案可以任选其一。

对于初始现金流量，一般认为有两种计算方法：

第一种方法涉及旧设备的变现价值及对其损失进行纳税处理，或简称为"旧设备变现净收益"。其核心理念在于：从外部视角出发，将老设备继续使用与新设备升级视为两个互斥的选项。若选择投资老设备，其初始现金流即为老设备实现的现金流量；若选择新设备，则初始现金流需基于其实际购置价格计算。

第二种方法则是将老设备可变现的净收益作为新设备投资额的抵减项。其核心在于：根据实际需要，用新设备替换旧设备。若旧设备不更新，决策期间的初始现金流量为零，因为旧设备的投资属于早期已支付且无法收回的沉没成本，与当前决策无直接关联。若选择更新设备，新设备的初始现金流应从老设备实现的净利润中扣除。

以上两种分析方法的差异主要在于对初始现金流量的计算。值得注意的是，旧设备只有在换新时才能产生实际现金流。而在第二种方法中，老设备的初始现金流量为零，因此其年平均净现值相对较高。鉴于此，决策者在进行以旧换新决策时应谨慎。

2. 最小公倍寿命法

新老设备使用年限的判定可采用差异分析法；然而，新设备通常比旧设备具备更长的使用年限，在这种情况下，差异分析法便不再适用，同时直接比较不同项目的净现值、内含报酬率或获利指数也变得不合理。为解决这类型问题，可引入最小公倍寿命法。

最小公倍寿命法，亦称为"项目复制法"或"共同年限法"，其核心在于通过模拟两种方案在可重复投入的前提下，直至达到使用年限的最小公倍数，进而比较各自多次投资的净现值。这种方法提供了一种独特的视角来评估项目的长期效益。其优点是易于理解，但前提条件是方案能在长时间内以相同形式不断重复更新，直至达到多个方案的最小公倍数生命周期或无限生命周期，且替代改造方案的现金流需与原方案完全一致，并在延长使用年限后，方案的现金流需在原方案寿命周期内持续变动。

最小公倍寿命法也存在一些局限：计算过程相对烦琐，且完全相同的计划在实际操作中很难长时间内重复执行，这可能会导致评估结果的可信度受到质疑。

3.年平均现值法

年平均现值法，也叫等额年金法，就是将投资项目整个生命周期内的净现值转换成年平均净现值，并对其进行比较分析。在对单项方案进行决策时，应选取年平均净现值为正的方案；在存在多种选择的互斥方案中，应选择年平均净现值最大的方案。

4.资本限额投资决策

资本限额是指一家公司可投资的总资本，它不可能投资于所有可接受的项目。事实上，这是很常见的。

第二节 大数据环境对企业投资决策的影响

企业的投资活动主要包括对内投资和对外投资两大类。当前，我国企业的主要投资方式有扩大现有产品的再生产、新产品的市场测试等。而对于外资企业，则更多采取参股、控股以及合资等形式，同时也有小部分企业采用间接投资，涉及股票和债券的交易。不论是国内企业还是外资企业，均对投资决策的评估给予了高度重视。

鉴于大部分公司的市场份额有限，难以迅速捕捉到市场机遇，它们更多的是依赖并把握这些机会。企业生产经营活动的核心目标在于追求经济效益，因此在进行市场调查时，会特别关注项目投资在市场上的主要动态。

为投资者的投资决策提供有效的数据信息，前期的调查与预测工作至关重要。相较于人工记录方式计算烦琐、效率低下且耗时长的弊端，大数据技术的应用不仅克服了这些难题，还拓宽了数据分析的领域。

传统的公司决策主要依赖于市场调查、电话咨询和电子邮件等手段，这些方式不仅需要大量的人力物力投入，还需要巨额的资金支持。然而，企业本身在投资管理专业人才方面往往有所欠缺,因此需要聘请专业的投资管理人员来协助收集和分析投资决策信息,这无疑增加了企业的投资成本。然而,若企业能够灵活利用大数据平台,对不同情境下的数据进行分析,并据此制订多种可行方案,将能显著节省决策所需的人力和物力等成本。

一、大数据环境对企业投资决策的有利影响

(一) 降低投资决策的风险

在当前大数据环境的背景下,企业能充分利用大数据资源和先进技术来辅助投资决策,从而精准规避风险,显著提升投资的效率和安全性。

在投资决策的初始规划阶段,海量的行业市场数据为企业提供了坚实的项目认知基础。通过广泛收集和深入分析这些数据,企业可以全面、多角度地了解投资项目的回报周期、规模以及经营前景,进而准确判断项目是否符合自身的投资条件和需求,从而做出更为明智的投资决策。

此外,在已投资项目的运作过程中,企业依然可以利用大数据技术对项目进行动态监控。通过实时收集成本投入、市场反馈、政策变动等相关信息,企业可以迅速分析当前状况与前期决策计划的一致性。若二者相符,企业可继续按照既定计划实施投资;若存在偏差,企业则需及时做出调整或退出投资决策,使得潜在损失最小化。

(二) 提高投资效益

在大数据背景下,众多企业积极构建量化投资模型,旨在协助决策者高效处理庞大的数据集,节省时间成本。这些模型确保决策者能够深入剖析对投资结果产生短期影响的关键因素,通过细致分析投资模型所生成的结果,企业能够更精准地选择投资项目,进而显著提升投资的效率与准确性。

二、大数据环境对企业投资决策的不利影响

随着数字化技术的日益普及,信息共享平台已深入各行各业,为人们带来了丰富的投资与发展机遇。然而,随之也带来了一系列不可预测的风险。

(一)投资环境更加复杂

企业的投资环境的确呈现出了复杂多变的特点。这种变化与复杂性主要体现在市场整体运行环境的波动、政府发布的各项政策的调整、资源分配的变化,以及法律法规的约束等多个方面。

不同的投资环境拥有各自独特的要求和特性,对于企业来说,这些信息不仅复杂多变,而且由于环境因素的快速变化,它们还具有极强的时效性。因此,一些公司往往难以迅速而准确地掌握相关信息。例如,某些行业已经开始实施严格的限制,提高市场准入门槛,然而部分中小企业由于无法及时获取这些关键信息,未能采取有效的应对措施,最终错失了市场先机。

(二)阻碍企业的发展

信息化已成为当今社会与企业的共同发展趋势。从企业的视角来看,如果企业在运用大数据时未能有效地进行信息检查和整合,就可能导致企业获取的信息不对称,进而为公司的投资决策提供误导性信息。这种信息的偏差会直接影响公司决策的科学性与合理性,从而成为公司发展的绊脚石。尤其是中小企业,普遍面临资源整合能力欠缺和资本投入不足的问题。

(三)投资决策缺乏科学性

企业投资决策是企业经济发展的关键所在,科学的投资决策能确保资金的高效利用,从而推动公司的发展。

在大数据背景下,企业投资决策除了依赖科学的信息数据支持外,更需要高素质的专业人才具备战略眼光和精准决策的能力,以确保投资决策的科学

性。然而，当前我国众多企业普遍缺乏与大数据技术应用相匹配的专业人才，这不仅对投资决策的科学性构成挑战，还可能给企业带来不小的经济损失。因此，培养和引进具备大数据分析能力的专业人才，成为企业亟待解决的问题。

（四）缺少市场竞争力

在大数据技术的推动下，企业的投资运营管理模式实现了显著的优化，但与此同时，这也促使企业在复杂多变的市场环境中，更加迫切地提升其核心能力。

身处大数据时代，信息的瞬息万变和市场环境的复杂多样，都要求企业能够迅速捕捉投资机会，借此提升市场竞争力。一旦企业无法精准把握投资时机，其市场竞争力将遭受削弱，进而限制其持续发展的步伐。

（五）增强企业承受的经营风险

经营风险在公司的日常经营活动中始终如影随形，尤其在大数据背景下，若公司未能展现出卓越的市场控制力，对于市场发展趋势的精准预测和消费者定位的准确把握等方面存在不足，这无疑将为公司在进行投资决策时埋下隐患，从而加剧企业经营的风险，并可能致使公司的投资成本显著增加。

（六）资金储备不足

对多数企业而言，融资困境屡见不鲜。由于产品线的狭窄、投资渠道的匮乏以及资金来源的单一，往往导致企业对资金链的忽视。加之企业盲目扩张经营规模，资金供应难以满足企业的需求，甚至可能引发资金链断裂的危机。这无疑为公司的发展之路设置了重重障碍，亟待寻求解决方案。

第三节 大数据背景下企业投资决策的优化

在数据驱动业务的新时代背景下,企业纷纷借助计算机程序构建精细化的数学模型,对多元风险因素进行深度组合分析。这一举措旨在确保企业能迅速捕捉投资过程中的潜在风险,并对其进行精确的量化评估,从而高效控制投资风险。

在此基础上,企业应进一步结合大数据分析的结果,精心设立预警指标与关键绩效指标,以助决策者提前洞察风险,并迅速制定应对策略,主要涵盖以下几方面的内容:

(1) 风险控制在经济周期中的核心作用不容忽视。众多工程项目,特别是大中型项目,常伴随较长的投资周期。这些项目因外部经济环境、市场环境等多重因素,其投入与产出之间往往存在显著偏差。为了高效利用时间成本并提前实现经济效益,企业会在条件成熟时选择项目转让。然而,随着项目长期运行,经济环境波动带来的风险逐渐增大。因此,在应对经济周期风险时,企业不仅应通过转让部分控制权、引入新合作伙伴等手段来降低风险,还需对高价值项目实施全程跟踪。企业通常遵循"低价进场,高价卖出"的原则,但在实际操作中,需根据项目价值差异制定不同的风险应对策略和控制策略。

(2) 通货膨胀型投资的风险控制至关重要。在通货膨胀期间,实物投资形成的固定资产及相关金融资产面临实际价值下降的风险,从而导致投资收益显著缩水。企业应精准预测与投资项目相关的土地、房屋建设、原材料等费用变动规律,深入分析不确定性因素对工程投资的影响,并预留足够的资金储备。例如,棉价大幅上涨可能对纺织企业的运营造成冲击;猪肉价格上涨则可能带动食品、餐饮业整体消费水平的提升。在投资周期性行业时,务必充分考虑经济环境因素,并采用套期保值等策略以规避风险。具体而言,企业可利用大数据技术预测项目相关实物资源的价格变动风险,并在期货市场上出售相应数量的期货合同，以实现价格风险的有效对冲。

（3）适度拓宽融资渠道是企业稳健发展的关键。资金链作为企业投资的重要保障，同时也是企业投资的潜在风险源。在投资决策初期，企业应制订合理的融资方案，全面评估企业现金流的稳定性、投资项目预期回报以及潜在的融资能力。通过科学的投资与投资组合，确保企业的有序运作并实现盈利。同时，企业应实事求是，根据自身实际情况建立融资渠道，以获取具有竞争力和低风险的投资项目。

（4）改进管理方法是降低投资风险的有效途径。企业应加强对投资前、投资中、投资后三个阶段的风险控制，加强对投资风险不确定性、随机性的认识，并积极参与投资风险管理。通过有序管理，将风险控制在可承受范围内，避免造成重大经济损失。此外，企业需具备强大的管理技巧和经验，明确投资目标和方向，对投资风险因素进行敏感性分析、定性与定量分析。在控制风险的过程中，可根据影响因素的变化程度和规律判断控制策略的有效性。对于某些风险问题，可采用计划解法进行分析和控制，并充分利用投资前的经济和市场资料，以降低风险因素的影响并减少潜在损失。在预测项目前景时，应避免盲目跟风。新兴产业虽具有广阔的发展前景，但充满不确定性。企业应谨慎评估合作伙伴的能力，关注市场动态和国家政策，以做出合理的投资决策。在大数据时代，企业更应重视投资数据的收集、整理和分析工作，以提高投资决策的科学性和准确性，确保在面对风险时具备足够的应对能力和策略。

第六章 大数据背景下企业财务管理创新

第一节 大数据背景下企业财务管理思维创新

近年来，随着信息技术和网络技术的快速发展，大数据日益成为各界关注的焦点，企业财务管理体制的改革也迫在眉睫。大数据技术的融入，为财务管理方式带来了颠覆性的变革，为企业创造了前所未有的价值。然而，在财务管理中面临的挑战也不容忽视。庞大的财务数据量、繁杂的数据处理过程、受限的技术支持以及数据安全性的隐患，这些都对企业财务管理的健康发展构成了严重制约。

在大数据的背景下，如何创新财务管理方式，以应对大数据环境带来的新挑战，成为企业必须面对的问题。探讨大数据背景下企业财务管理面临的挑战，以及创新的思路和方法，对于推动企业财务管理的健康发展，具有非常重要的意义。这不仅关乎企业的经济效益，更关乎企业的长远发展和持续竞争力。

一、大数据环境给企业财务管理带来的机遇

在大数据环境下，企业财务管理面临着三大机遇：增强财务信息的有效性、大幅降低企业财务风险和打破部门间的信息壁垒。

（一）增强财务信息的有效性

在大数据的背景下，增强财务信息的有效性已成为企业财务管理亟待把握的机遇。大数据以其"海量"且丰富的数据资源为基石，通过深度挖掘与分析，能够精准揭示出有价值的财务信息，进一步优化财务信息的使用效能。这不仅有助于企业更加精准地进行财务分析与决策，更为企业制定策略提供了强有力的数据支撑。

（二）大幅降低企业的财务风险

在大数据背景下，企业财务管理不仅迎来了新的机遇，更在降低公司财务风险方面发挥了关键作用。财务管理作为公司运营的核心环节，具有一定的风险。然而，在大数据技术的支持下，企业能够更精准地捕捉市场动态，通过深度挖掘、统计和分析各类数据，精准识别出经营活动中潜在的高风险点，不仅有助于企业实现财务工作的优化配置，还能提前制定预防风险的控制策略，为公司提供更为科学的规划。

（三）打破部门间的信息壁垒

在大数据背景下，打破部门间的信息壁垒，为企业财务管理开启了全新的篇章。在这样一个环境下，企业财务管理迎来了前所未有的机遇。各部门、各层级的数据信息得以互联互通，组织结构也实现了深度融合与整合，以创新的、开放的姿态有效解决了"信息孤岛"的难题。各部门间的协同数据分析，不仅促进了信息的高效流动，更为企业的财务管理工作提供了强有力的支撑，确保了企业财务管理工作的顺利进行。

二、大数据背景下企业财务管理面临的挑战

（一）财务数据的数量大且繁杂

在大数据背景下，企业财务面临着前所未有的挑战。由于数据量庞大、种类繁多，财务数据的处理与应用变得日益繁重。这些庞杂的数据不仅加剧了处理难度，而且数据采集的复杂性也构成了企业财务管理的一大难题。因此，如何迅速而准确地分析、处理财务信息数据，提升财务管理的效率和精准度，已成为企业亟须解决的问题。

（二）财务数据的安全系数较低

在大数据背景下，财务数据的安全性不尽如人意，这无疑给企业财务部门带来了严峻挑战。随着网络技术的飞速发展，众多企业纷纷选择引入软件以替代传统的人工记账方式。然而，在这样一个信息爆炸的背景下，财务信息安全意识的薄弱却成了一个不容忽视的问题。由于财务数据的安全系数尚未达到应有的标准，极易导致财务信息被篡改与滥用，进而引发数据计算的偏差与失误。因此，如何在大数据背景下对财务管理进行创新研究，以提升数据安全性，显得尤为迫切。

（三）财务数据处理技术的局限

在大数据背景下，财务数据处理技术的局限性日益凸显，为企业财务管理带来了前所未有的挑战。当前，尽管众多企业尝试运用大数据技术来优化财务管理，但仍有诸多缺陷亟待解决。这些缺陷主要源于企业硬件条件的不足，许多企业在数据存储和数据处理能力上捉襟见肘。同时，大数据应用软件在财务管理方面也暴露出薄弱环节，如软件更新滞后、大型数据仓库建设不足等问题。此外，财务人员缺乏深入分析和应用大数据的能力，使得财务管理面临诸多困难。

（四）传统的事务性财务管理已无法满足现代企业管理的需要

在大数据背景下，只有确保会计核算的精准与及时，才能为企业带来明智且迅速的决策支持。尤其面对海量的数据、不断涌现的新技术以及日新月异的商业模式，传统的、仅停留在数据表面的财务管理方式已难以满足企业持续发展与变革的需求。因此，财务管理需更为积极主动地融入企业运营，从"事务型"管理逐步转型为"经营-管控型"管理，更加注重数据的实时性与财务数据的深度融合。

在大数据背景下，各类与企业相关的信息层出不穷，其中不乏看似有用但实则与企业无关的内容，同时也有看似微不足道却与企业发展战略紧密相连的要素。然而，处理这些信息不仅需要投入大量的人力物力，更需要企业具备金融、数据分析等专业领域的复合型人才，以确保企业能够在纷繁复杂的信息中把握信息的核心，为企业的发展提供有力的支撑。

（五）现代企业管理已经不满足于事后管理

随着市场竞争的日益加剧，数据的时效性越发受到人们的关注。在这样的背景下，财务人员的大数据整合与分析能力需要进一步提升。财务人员需要从海量数据中提炼精华，简化复杂信息；根据管理需求，灵活地从多个维度对财务数据进行深入分析；同时，利用大数据准确预测未来的发展趋势。这些能力对于企业的运营决策具有极其重要的指导意义。

借助大数据强大的数据分析能力，企业能够摆脱烦琐工作的束缚，实现财务管理的优化与升级。通过建立数据仓库和数据分析平台，企业不仅实现了财务管理的高效化，还实现了远程化、智能化、实时化的管理。此外，大数据通过对非财务信息的收集、整理和分析，如财务信息、人力资源等，为企业决策提供了强有力的数据支持，有助于帮助企业减少决策失误，降低风险，使财务管理更具前瞻性和智能化，从而进一步优化公司的内部控制体系。

（六）实现业务与财务数据的协同

通过深入的大数据分析，企业能够精准地优化各部门及子公司的人力资源配置。在顺应时代潮流的同时，企业需要构建创新的财务模型，从而高效、便捷地分配各类资源，实现成本削减、资源节约和效率提升，为企业的科学发展奠定坚实基础。

为了适应新技术驱动的商业模式变革，企业将在纵向与横向两个维度上展开战略部署，并推进一系列的重组与合并。然而，若财务管理仍固守传统的"事务型"模式，不仅无法为企业的并购提供有效的价值评估或融资支持，而且由于企业间经营方式和管理水平的差异，将使得企业的整体管理变得更为复杂和困难。

因此，如何将业务数据与财务数据的协同性与下属企业的管理需求相结合，以提升企业的管理水平，已成为企业在大数据时代面临的迫切挑战。单纯依赖月度或年度的财务报表分析，已无法满足企业在这一时代的管理需求。

（七）促进财务管理信息的挖掘

在大数据背景下，企业已不再仅满足于传统的财务报告，而是借由大数据分析，深入探索财务管理的广阔领域。

以计算机为核心的大数据处理平台，为企业提供了高效的数据管理工具，显著提升了财务管理水平。然而，许多公司在分析业务发展状况时，往往仅停留在表面的数据分析和信息汇总，缺乏对业务、客户需求的深度洞察。为了降低管控风险，管理者在决策前应对所掌握的数据进行客观、科学和全面的分析。

为了在竞争中占据优势，企业需要强化领导力，并采纳先进的管理模式。除了传统的企业数据平台，构建一个融合图像、文本、社交网络、微博数据等内容的非结构化数据平台至关重要。该平台不仅支持内容挖掘和企业搜索，还能进行信誉度分析、舆情化分析和精准营销。通过该平台，企业可实时监测和监控数据变化，提供实时的产品和服务优化建议。

企业的创新、发展和改革，在依赖传统数据的同时，还需要在日常业务中运用非结构化数据和流数据，实时记录并处理产品、流程和客户体验。通过融合同类数据并协作分析，企业能够打破传统的商务分析模式，从而推动业务创新与变革。公司可以将微博、社交媒体等平台上的文档、文章移至非结构化数据平台，进行词汇、句法、情感分析以及关系实体识别。这些分析有助于用户获取更真实、更具经济价值的信息，加强股东对公司管理层的监督，有效缓解了部分中小企业的融资难题。

（八）加大财务管理信息对企业决策的支持力度

在大数据背景下，企业能够轻松获取多维度、海量的数据信息。然而，传统的工作模式显然已无法应对复杂多变的数据挑战。幸运的是，大数据环境为企业提供了构建预测分析系统的机会，该系统能极大减轻繁杂的数据监测和识别工作，为企业赢得宝贵的决策与分析时间。

企业应考虑建立自己的大数据平台，确保在核心数据方面拥有主导权。这不仅能为顾客提供增值服务，还能让企业深入了解顾客的消费习惯。同时，加强与电信、电商、社交网络等大数据平台的战略合作至关重要，企业应通过构建数据与信息共享机制，充分整合对顾客有用的信息，实现金融服务与移动互联网、电子商务、社会网络等领域的深度融合。

此外，大数据的兴起极大地推动了公司财务管理组织结构的变革，为优化企业的财务管理工作带来了契机。大数据不仅彰显了企业管理的信息化水平，更是企业财务管理者整合内部数据资源的有力工具。因此，在企业聚焦财务战略的过程中，财务管理者必须紧握经营分析与管理的权力，将企业财务战略管理的范围拓展至数据供给、分析和资源配置等领域，积极推动财务组织由会计核算向决策支持的转型。

（九）提高财务管理信息的准确度

财务报告编制的核心在于财务管理信息的准确度，然而，当前的财务数据及相关业务数据在编制过程中常因技术局限而被忽视。由于缺乏高效的技术手段，与企业决策紧密相关的部分数据难以得到及时、全面的收集，同时因分类标准的不统一，数据的集成和利用变得尤为困难，导致财务报告编制的效率大打折扣。这直接影响了财务管理信息的准确性，导致大量财务数据在报表生成后未能充分发挥其价值。

然而，大数据技术的崛起为企业处理海量数据提供了新的可能性，不仅提高了数据处理的效率，还增强了数据的精确性。然而，当前企业面临的一大挑战是财务部门人员对于信息化数据处理的能力不足，缺乏对大数据技术的深入了解。同时，技术部门人员虽然具备一定的信息化处理能力，但往往难以从海量的财务数据中提取出对企业具有实际价值的信息。

因此，随着信息技术的不断发展，企业应高度重视复合型人才的培养与引进，特别是在财务管理领域。在大数据背景下，财务数据越来越多地以电子形式呈现，要求财务管理者迅速适应这一变化，对数据进行集中处理，提取有价值的信息，并构建符合企业需求的新型数据分析模型。这样，企业才能更有效地存储和配置金融资源，从而做出最优的财务决策。

（十）促进企业财务人员角色的转变

从企业的财务管理视角来看，大数据为企业财务工作带来了前所未有的机遇，推动其从基础的记账复核、简单报表分析向先进的管理会计模式的转型。大数据的高效利用不仅能有效辅助企业的财务工作，还能突破常规分析手段的局限，实时评估企业的财务状况和经营结果，精准捕捉运营过程中的问题，为改善企业运营管理提供明确的指导。

金融管理者应深刻理解，在大数据时代下，影响投资决策的因素远不止于金融信息。一个完善的大金融数据系统，能够为企业提供战略分析、商业模式分析、财务分析和前景分析等全方位的决策支持，这份报告不仅涵盖企业的财务绩效，还融合社会、环境和商业等多维度信息，全面展示企业的战略方向、治理结构、绩效成果和发展前景。

此外，随着大数据的广泛应用，企业的合并报告中也日益重视非财务信息的占比，力求更准确地反映企业全貌。CFO 作为企业财务管理的核心角色，在大数据背景下的价值创造作用越发凸显。他们通过财务云等先进管理技术，深入分析处理海量财务和商务数据，挖掘有价值的信息，优化业务流程，合理分配资源，为公司的持续发展创造更多价值。为此，CFO 需进一步加强对企业经营活动的响应能力、风险控制和辅助决策能力。

对于普通金融从业者而言，大数据背景下的数据处理能力显得尤为重要。随着财务数据逐渐电子化，财务人员必须熟练掌握计算机技术，从海量数据中提取有用信息并将之有效应用。同时，日趋复杂的财务环境对企业财务管理提出了更高的要求，培训成为了提升员工综合素质的有效途径。因此，企业应结合实际情况，聘请资深专家指导财务管理人员的工作，激发员工学习热情，提高他们的业务处理能力。

三、大数据背景下财务管理的创新思维

大数据为企业财务管理带来了前所未有的机遇与挑战。为了能在这个数据驱动的时代中立足并持续发展，企业必须以创新思维为引领，推动财务管理工作的跨越式进步。在大数据背景下，财务管理思路的创新主要体现在以下几个方面：

（一）创新大数据财务管理系统

在大数据背景下，如何有效提升企业的财务管理水平已成为企业亟待解决的关键议题。面对这一挑战，企业需深入探索如何在大数据的浪潮中推进企业财务管理的革新。为此，构建标准化的金融服务平台和大数据金融管理体系显得尤为关键，这将助力企业的会计管理走上更加标准化和科学化的道路。

借助先进的大数据财务管理系统，财务人员能够高效地进行数据采集、深入分析、精准整理和科学评价。这一过程将帮助他们从海量繁杂的信息中提炼出有价值的数据，进而对公司的财务状况进行准确评估，并针对在当前生产经

营中遇到的问题进行深入分析。更为重要的是，通过系统的预测功能，财务人员能够对公司和行业的未来发展趋势做出精准预判，为公司生产活动的科学管理与调控提供有力支持，最终实现企业的统一经营与管理目标。

（二）创新财务数据的处理技术

在大数据背景下，财务数据处理技术的创新无疑是企业财务管理创新的关键环节。为确保企业能够精准地进行数据分析，创新财务数据处理技术需聚焦于三个核心要点：

首先，企业应深化对大数据技术的认识，并加大在财务管理硬件方面的投入。这包括但不限于大数据的采集、网络通信、存储、计算设备，以及可视化、可感知化等先进设备，以夯实数据处理的基石。

其次，公司需加速财务管理软件的更新迭代。以最新的财务管理制度为基石，强化对网络财务软件的管理，紧跟时代步伐，持续更新公司的财务管理方式。同时，定期对财务管理软件进行改进和升级，并严格评审，确保大数据技术在企业财务管理中始终保持前瞻性。

最后，提升企业财务人员的业务素质至关重要。从财务管理的视角出发，构建一支高素质的大数据金融人才队伍，是企业财务管理工作的坚实保障。在实际工作中，既要积极引进大数据领域的专业人才，又要加强对现有财务人员的大数据知识培训，特别是要提升他们的大数据综合处理与应用能力，以打造一支高效的大数据人才队伍，使其能够更好地为企业的财务管理服务。

（三）创新财务数据的安全管理

在大数据背景下，对财务数据安全性管理的创新已成为财务管理创新的重要一环。在大数据时代，财务数据暴露于开放式的网络环境之中，确保财务数据的安全、实施创新的数据安全管理措施，已成为财务管理的核心。

为强化数据的安全性，财务管理人员应增强安全意识，并把安全意识贯彻于网络使用过程中的每一个环节，以此提升金融安全的整体水平。在具体实践中，财务管理人员应结合人工备份与自动备份的优势。自动备份以其高效、即时的特性，在数据库服务器中发挥着关键作用。通过定期自动备份，并结合财务数据的光盘刻录，能够实现数据的永久备份，从而确保数据的安全无忧。

此外，财务管理人员在使用软件时，需对数据库中的数据实施加密处理，并设置严格的权限管理，明确每个人的职责范围。在财务数据的管理方面，应设立专人专岗，一旦发现潜在的安全风险隐患，必须立即采取措施予以排除，以确保财务数据的安全稳定。

大数据背景下，财务管理创新是一项长期且复杂的系统工程。在大数据的推动下，企业的财务工作既要敏锐捕捉机遇，又要积极应对挑战，创造性地运用新技术、新方法。结合企业的实际情况，企业应对大数据财务管理体系进行改革，持续创新会计数据的处理方法，并加强财务数据的安全保障。在大数据的助力下，企业需开拓出一条全新的发展道路，无论是在技术层面还是组织层面，都需要进行深刻的改革。只有这样，才能最大限度地发挥大数据在财务管理中的优势，持续提升公司的财务管理水平，推动企业不断壮大，从而实现企业的转型升级。

第二节 大数据背景下无边界融合式财务管理创新

随着大数据管理、社会化媒体和移动应用等数字化新技术的蓬勃发展，企业管理理念持续创新，流程再造不断优化，管理效率显著提升。

财务管理作为企业管理的核心环节，同样经历了深刻的变革。这些变革具体体现在战略财务、融合式财务、精益财务和信息化财务等多个方面。在大数据背景下，财务信息的来源越发广泛和多样化，不仅要对传统的结构化金融数据进行深度剖析，还要对非结构化数据进行精准挖掘。

为了适应这一新的环境，财务管理的边界正在逐步拓展，与外部世界紧密结合。这种融合的趋势不仅是财务与会计的紧密结合、管理会计与财务管理的深度融合，更是一个全新的领域——财务管理与业务运作的紧密结合，以及产业资本与金融资本的有机融合。

大数据分析能够从海量的数据中挖掘出潜在的规律，预测未来的发展趋势，为社会的各个领域带来颠覆性的变革，也为金融管理创新注入了新的活力。随着大数据的兴起，财务管理的触角已经延伸到了研发、生产、销售、人力资源等各个方面。因此，企业财务部门的核心任务便是全面收集、高效处理并深入分析与企业业务密切相关的各类重要数据。

一、无边界融合式财务管理概念的提出

（一）无边界融合式财务管理的概念

"无边界管理"这一概念，由通用电气公司前首席执行官杰克·韦尔奇所倡导，其核心理念并非指物理意义上的无边界，而是强调组织内各边界间的有机衔接与深度融合。这种管理模式旨在帮助公司迅速、灵活地应对外部环境的变动，展现出高度的创新性和适应性。

在财务管理的实践中，结合无边界理论与融合式财务的特性，企业将逐步构建出无边界融合式的财务管理模式。该模式以公司战略为指引，倡导财务领域树立无边界的主动管理意识，摒弃传统的工作框架与模式，使财务理念在价值链的每一个环节中得到有效的沟通与传递。通过财务与其他部门的深度融合，推动公司整体价值的持续增长。

无边界融合式的财务管理不仅将财务理念融入生产经营的每一个环节，还打破了部门与专业之间的信息壁垒，极大地提高了组织内部的信息流通、扩散与渗透能力。这种管理模式有助于实现企业资源的优化配置，进而创造更大的价值，推动企业实现可持续发展。

（二）打破财务管理的边界

杰克·韦尔奇认为，组织的纵向边界、横向边界、外部边界和地理边界是影响组织功能发挥的主要因素。要实现无边界融合式财务管理，就必须打破财务管理的四个边界，但是，这里所说的"打破"，并非要消除所有的边界，而是要把阻碍财务管理的障碍全部清除。

1.打破财务管理的垂直边界

垂直边界在企业管理中特指那种严格分明的层级结构。传统的财务管理组织架构通常具备严格的内部层级，每个层级都明确了特定的职责、职务和权限，但这种模式往往会导致信息传递失真、响应速度滞后，甚至催生了官僚主义的现象。

财务管理理念则倡导突破这种僵化的层级定位，采取更加灵活的部门内部团队模式。在这种模式下，上级与下级之间可以建立起互信互尊的关系，力求让团队中每个成员的能力都能得到最大程度的发挥。此外，通过减少财务部门的管理层级，实施扁平化管理，可以建立起更加灵活的员工关系，从而营造出一种鼓励创新、充满活力的文化氛围。

2.打破财务管理的水平边界

财务管理与其他部门之间的明确界限即为财务管理的水平边界。现代企业的组织架构多以专业化为基础，涵盖研究与开发、制造、销售、财务以及人力资源等多个部门。

在严格的水平边界下，各部门各自拥有明确的目标和方向，独立地在各自的领域内运作。然而，长此以往，这种独立运作的模式可能导致各部门过于关注自身利益，而忽视了企业的整体目标，甚至会引发资源争夺和资源浪费的现象。

无边界模式下的财务管理则强调打破部门之间的壁垒，实现信息的流通与共享，确保企业价值链与财务链的同步发展。这种模式下，通过建立跨部门的工作团队、实行岗位轮换等方式，旨在突破企业的横向界限，促进各部门之间的协同与配合，共同为企业的发展贡献力量。

3.打破财务管理的外部边界

自20世纪初起，多数企业在价值链中皆以独立的姿态审视自身定位，企业间的竞争关系占主导，企业间的合作稍显不足。然而，随着时代的变化，战略联盟、合作伙伴及合资企业正以惊人的速度蓬勃发展，单一企业的力量已难以与之抗衡。

作为企业管理体系中的核心部门，财务管理的重要性不言而喻。它不仅要深入企业内部进行细致分析，更要拓宽视野，将财务管理的边界延伸至价值链的每个环节，实现财务信息的全面整合。例如，通过在财务分析系统之中融入企业信息，为产业链上的供应商和客户提供财务培训，与合作伙伴共享信息，共同应对风险。这种一体化的管理方式，将为企业创造更为广阔的发展空间。

4.打破财务管理的地理边界

随着企业规模的扩张和国际化程度的不断加深，企业的内部职能逐渐在地理上分散开来，其中财政职能尤为明显。为了满足企业整体战略和成本控制的需求，企业必须跨越地域财政的界限，推行一种创新的财务管理模式——财务共享服务。该模式旨在将企业内部各部门重复、分散的金融业务集中处理，通过统一的共享服务中心来高效解决，从而使企业能够集中有限资源和力量，专注于其核心业务领域，形成企业的竞争优势。

（三）无边界融合式财务管理的表现形式

第一个阶段，即企业与企业的融合，主要体现在产业资本与金融资本的紧密结合。这种融合通过股权关系形成，采用持股和人员参与相结合的方式，形成了深度的合作关系。目前，国内众多大型多元化集团已积极进军金融业，产教融合已成为大型企业及龙头企业财务管理创新的关键路径。

第二个阶段，即"业务"与"财务"的结合，也称为业务财务一体化。这是近年来备受推崇的一种财务管理模式，它着重强调业务与财务单位的协同配合,将财务管理理念融入业务活动的各个环节中。通过信息系统的支持,实现高效的财务治理,进一步提升企业的整体运营效率。

二、产教融合下的财务管理

随着改革的深入推进和金融创新能力的持续提升,所有企业都需要加速产教融合的进程,以优化公司内部的资本配置。然而,在产教融合的大背景下,企业的资本管理仍面临诸多挑战。风险的认知与控制手段尚不成熟、公司内部的融资功能有待加强、尚未建立健全的资金管理制度、金融业务独立性不足等问题,均严重制约了企业资本运作的效率与质量。

近年来,随着企业规模的不断扩大和经营范围的日益广泛,为提高内部资金的利用效率、降低运营风险,众多企业纷纷设立财务公司或金融控股公司,以此作为企业进军银行、信托、证券、基金等行业的桥梁,推动产业与金融的深度融合。

当前,全球众多大型企业均采用此种模式加速资金积累,以增强企业的市场竞争力。在大数据背景下,产教融合已成为行业发展的必然趋势。然而,由于金融业在运营和管理上与其他行业存在显著差异,产教融合的过程中难免会遇到一系列问题和挑战。

(一)产教融合背景下的财务管理现状

1.企业对风险的控制能力不足

在产教融合的过程中,多重风险如影随形,涵盖经营、财务及市场等多个方面。尽管不少企业已提高了对风险的警觉,但尚未构建起健全的风险管理体系。因此,当公司遭遇产教融合风险时,难以迅速采取有效策略以减轻其损失。对于经营过程中的风险因素,企业缺乏深入且细致的分析,内部资金的核算与转账体系尚未完善,企业对外部支付风险的控制力亦显不足。

此外,部分公司在评估内部资金流动性风险时不够准确,导致产教融合中的资金风险控制功能无法充分发挥，同时也阻碍了资金结构和内部资金配置的优化，使得成员间或单位内的资金比例难以保持合理的水平。企业管理者对于资金配置的认识尚需深化，这在一定程度上制约了企业内部资金的使用效率与效益的提升，同时削弱了企业在市场竞争中对风险的识别能力，从而对产教融合的深入发展构成了不利因素。

2.企业的融资能力较差

融资功能对于一家企业能否顺利推进产教融合具有举足轻重的作用。然而，当前众多企业对于集团内部的借贷和结算机制缺乏正确的理解，限制了企业内部融资功能的正常发挥，影响了企业的整体融资效率。一些公司在制订战略计划时，未能充分认识到票据在企业融资中的重要作用，因此无法基于自身实际状况去深入挖掘和拓展企业内部的融资业务，导致企业在市场营销管理上面临诸多困难。同时，部分企业在探讨如何提高融资效率时，忽视了不同融资手段之间的内在联系，制约了融资渠道的拓展与优化，从而延缓了提高融资效率的进程。

3.企业的资金管理体系不完善

企业内部资金管理的效率无疑是衡量产教融合水平的一项重要指标。然而，目前众多企业尚未能实现对资金的全面集中管理，导致资金增值效果不尽如人意。尽管许多企业已建立起资金集中管理系统，但在系统设计之初，却未能全面考量资金集中管理的各个环节，尤其是公司内部的融资需求，从而使得企业资金链和经营主体的潜力难以充分释放，难以为资金集中管理体系的完善与发展提供有价值的改进意见。

此外，企业在资金集中管理系统的设计与完善过程中，往往未将金融服务标准置于核心地位，导致系统无法真实反映企业的内部融资需求。目前，许多企业对于资金集中管理系统的应用仍处于摸索阶段，特别是在金融服务标准尚未成熟的情况下，资金集中管理所带来的潜在优势与价值尚未得到充分挖掘，难以全面支持企业的产教融合战略。

4.企业的金融业务独立性较差

在产教融合的大背景下，一些公司似乎仍对金融业务的开展方式、资本扩展及股权变动缺乏足够重视，导致了金融机构数量激增，但金融业务尚未实现全面独立的现象。企业在推动产教融合过程中，对金融资源的管理往往缺乏统筹规划，不仅造成了金融业务发展的混乱和不规范，还导致了金融资源配置的不合理，使得产教融合方案难以适应现实需求。此外，部分企业在运营过程中未能实施专业的金融管理，限制了金融业务独立性的提升，进而无法为产教融合策略提供具有创新性和实效性的支持。

（二）产教融合背景下企业财务管理的优化

1.提高企业的风险控制能力

企业需要深入剖析内部的财务状况，尤其是财务核算以及外部资金的运作，以获取对公司资金流动的全面洞察，确保产教融合的高效实施。在此过程中，企业必须严密监控产教融合可能带来的风险，通过强化对内部财务核算的监管，确保风险控制方案在风险出现时能迅速启动，从而降低企业损失。

2.提高企业的融资能力

在推动创新与产教融合方案开发的过程中，企业务必深入剖析融资的潜在影响，并加强对融资功能的重视。这不仅能完善与发展企业内部的融资机制，而且能为产教融合的顺利进行铺平道路，从而提升融资效率。在进行融资功能分析时，相关人员需高度重视融资功能的各个要素，对影响融资效果的关键因素进行详尽分析，从而优化公司的融资功能，为产教融合奠定坚实的基石。

此外，企业还需深刻理解票据、债券等金融工具的功能，并深入剖析市场营销现状。这是优化与发展融资功能的前提，也是推动产教融合不可或缺的基础。同时，企业应对融资功能进行细致的归类分析，结合外部市场动态与数据变化，建立健全的内部融资体系，强化公司的融资能力，确保公司能够充分发挥产教融合的协同效应。

3.完善企业的资金集中管理体系

企业必须深刻认识到资金集中管理的重要性，并在产教融合的大背景下，精心策划内部资金集中管理的具体策略，以实现资金的增值，进而完善企业内部的资金管理与决策体系，为产教融合的深化创造更有利的条件。

首先，企业需透彻理解当前的资本决策与管理机制，把握其核心要素。其次，全面掌握资金的流动方向及特征，以确保企业内部资金管理系统得到精准且有效的优化。

企业领导在制定资金集中管理制度时，需对当前外部和内部金融环境进行深入剖析，同时，还需明确企业产业链和经营主体在其中所扮演的角色。在建立健全这一制度的过程中，尤其要重视资金需求的满足以及金融服务的规范化，确保资金集中管理制度能够得到最大程度的运用与发展。

此外，会计人员也应充分认识到财务服务标准化在财务管理中的核心价值，积极提升财务管理的效率，确保企业资金集中管理策略的顺利实施。

4.提高金融业务的独立性

在产教融合的大背景下，企业需对金融业务实施全面而细致的检查与管理，尤其应重视金融业务的独立性。增强金融业务在产教融合过程中的独立性，不仅有助于推动公司金融投资的创新与发展，更能为企业带来多元化的竞争优势。

在企业财务业务的运作中，控股、融资等因素的重要性不容忽视。提高金融业务的标准化和专业化水平，对于开发和发展金融资源至关重要。此外，企业还需密切关注金融业务的整合情况，并加大对金融业务的支持力度，以确保其独立性，从而将产教融合的效果最大化。

总体而言，产教融合已成为当今社会发展的趋势。它优化了企业内部资金的配置，提高了公司的盈利能力，并扩大了企业的规模。然而，与此同时，产教融合也带来了一系列风险，如财务风险、资金管理风险和运营风险等。若这些风险得不到有效控制，将对公司的发展产生持续的负面影响。

因此，在产教融合的大背景下，企业需加强对风险的管理与控制。通过完善融资功能、建立资金集中管理系统等措施，将有助于企业实现更加稳健和可持续的发展。

三、业财融合下的财务管理

业务与财务的深度融合并非仅是将财务人员直接纳入业务团队之中，而是需要企业在前期深入进行信息化建设，并精心培养具备综合素质的人才。在此基础上，企业要在价值文化的引领下，重构财务流程，确保财务管理能够全面渗透到业务的各个环节之中。通过业财联动机制，将为企业的管理层提供精准、及时的决策支持。同时，企业应借助合理、高效的绩效考核体系，对业财团队实施有效的监督与激励，确保价值文化理念成为企业各项活动的核心驱动力。这样的融合策略将有力推动公司战略目标的顺利实现。

（一）以价值文化为驱动的目标融合

企业的经营目标已经从单一地追求公司收益和股东权益，演进为全面追求公司的价值提升。在此背景下，企业的一切经营活动需紧紧围绕"价值最大化"的核心理念展开，确保战略管理与财务管理的深度融合，以进一步拓宽财务目标的视野和层次。

财务文化作为财务管理文化的精髓，其在管理实践中展现出的引导、凝聚、激励、约束、协调和教化等多重功能，无疑成为推动财务管理向前发展的强大引擎。财务文化应以价值最大化为导向，强调并凸显价值理念的核心地位。

因此，企业应在价值文化的引领下，将追求价值的目标深度融入企业的日常业务活动和财务活动中，确保业财融合在推动企业战略实施和业务发展中的作用得到充分发挥。

（二）以业务流程为纲领的流程融合

业财融合的核心特质在于财务深度融入企业经营的各个环节，因此，对财务流程的重构至关重要。财务流程的重构，能实现全业务过程中的业财协同，确保业务与财务信息的高效转换。在企业的业务运作中，把预测作为起点，结合预算和业务过程，能制定出更为可靠的预算策略；以收入为核心，通过梳理各业务环节的收入点，构建收入风险图谱，实现对收入全链条的监控，保障收入的稳定实现；将成本控制与业务过程紧密结合，借助信息系统实时监控成本发生点，灵活调整资源配置；资产作为生产经营的基石，将资产管理与业务流程有机结合，能获取更为详尽、精准的资产使用与需求信息；将风险控制与业务过程融合，能满足风险管理的实际需求。从预算管理、收入保障、成本优化、资产管理到风险控制，业财融合为公司的经营活动提供了全面管理，为管理层的决策提供了有力支持，是公司财务价值管理与风险防范的坚实后盾。

1.预算管理

在业财融合的背景下，企业应聚焦于提升企业价值，精心构建以价值链为核心的预算管理系统。

第一，企业应以战略为导向，将具有长期性、综合性的战略目标进行逐层分解，直至具体的经营计划、责任中心及经营期间，以确保战略目标的实际可操作性。

第二，企业必须紧密关注价值活动的增值环节，识别出价值增值活动的核心驱动力，并将企业的核心资源配置于这些增值作业之上，以实现资源的最优配置。

第三，预算管理不应仅局限于价值链的各个环节，而应全面反映各业务间的逻辑关系，强化业务驱动，形成预算闭环管理，确保预算的完整性和有效性。

第四，根据企业经营环境的动态变化以及价值链中各活动的实际情况，企业需要对预算或经营活动进行及时的调整，以保障战略目标的顺利实现。

2.收入保障

收入作为公司实现其价值的核心驱动力,其保障工作是一系列以过程和数据为导向的活动。这些活动专注于识别并应对收入流失风险点,通过针对性的改进和控制措施,有效减少潜在的收入损失。

在业财融合的大背景下,收入保障工作显得尤为重要。通过对业务中涉及的财务问题进行细致的梳理和深入的业财风险诊断,能够精确地识别出企业收入链上的"失血点"。通过持续优化经营管理流程并提高系统支持能力,相关工作人员能够有效地解决收益"失血"的问题,确保企业的稳定收入,从而为实现企业价值提供坚实的保障。

3.成本管控

近年来,众多企业已从追求市场拓展与收入增长的高速成长阶段,转向注重效益提升与创新驱动的成熟阶段。为了保持企业持续的核心竞争优势,必须深化成本管理,坚定不移地实施低成本、高效率的运营策略。

在成本管控过程中,企业财务控制的"精细化"特征越发显著,已深入渗透到企业各项业务和管理活动中。通过业财融合的方式,相关工作人员能够对企业经营活动进行更为细致的费用分解,为企业成本控制提供切实可行的建议。此外,基于业财融合的理念,各层级的经营与财务活动均依托于成本分析与共享平台,进一步促进了企业间的紧密合作与协同发展。

4.资产管理

企业的总体资产管理水平与其资产使用效率紧密相连。实现对资产的有效管理,无疑是提升公司价值的关键一环。具体而言,提升固定资产的管理效率能够直接提高公司的投入产出比,从而为企业带来更大的经济效益。而对于金融资产的精心经营,则让企业能够直接利用金融市场的机遇,实现盈利。

在业财融合的背景下,财务人员的作用越发凸显。他们不仅深入参与到价值链的各个环节,确保对公司资产状况有全面且清晰的认识,还在此基础上,为提高资产使用效率提供了有力的支持。此外,他们还能针对资产的购买和投资提出专业的建议,确保公司资产得到最优化的配置和利用。

5.风险控制

企业内部的控制已逐渐从以合规和管理为基础的模式,转向以价值为导向的管理方式。业财融合在要求财务发挥会计监督职能的同时,更强调与业务部门的紧密合作与沟通,确保能将发现的问题迅速传达至业务部门并得以整改。此外,业务与财务之间还需实现高效协同,共同面对和处理跨部门和跨城市的风险问题。在业财融合的背景下,风险管理系统应聚焦于业财人员,关注价值变动中的异常情况,确保实现风险管理的核心目标——价值的稳定与保障。

(三)以决策支撑为中心的系统融合

公司的财务状况与经营业绩作为公司运营状况的直接镜像,是规划企业未来发展战略的基石。然而,传统的财务管理体系仍存在诸多不足。在业财融合的背景下,系统整合凸显了其决策支持的关键作用,通过业务数据化手段,极大地提升了财务管理的核心地位。

在推动业财系统深度融合的过程中,我们应全面审视并优化现有的财务与业务系统。这一举措旨在实现业务数据自动转化为财务数据,确保财务数据能够精准追踪并反映业务数据,从而确保业务与财务数据的高效流通与共享。这一转变不仅为价值管理的量化评价提供了坚实的数据支撑平台,更为公司的未来发展奠定了坚实基础。

(四)以业财团队为基础的人才融合

业财融合的实现依赖于一支专业的业财联合团队。在这个团队中,业务人员需要具备金融基础知识,以便更好地融入财务环境;而财务人员则需敏锐捕捉业务需求,深入分析并持续推动业务的发展,同时拥有全面的金融知识,以及卓越的沟通说服能力、高度的工作积极性与团队合作意识。

通过组织多样化的技能培训、读书会、内部技能鉴定等活动,可以不断提高团队中业务和财务人员的工作能力,确保企业与金融机构的顺畅运作。

（五）以绩效考核为激励的制度融合

业财结合背景下的制度融合，其核心在于构建一套既合理又高效的绩效考核体系，旨在监督和激励业财团队的高效运作。业财团队由财政和商业两大部门共同引领，因此应接受来自双方的双向考核。以绩效考核为激励的制度融合不仅有助于业务人员深入理解业务运作，还能促使他们站在商业单位的视角思考问题，从而为企业提供有力的资金保障。

无边界融合的财务管理模式正契合了大数据背景下企业财务管理的迫切需求，为企业财务管理的创新开辟了一条系统化的发展道路。在这一背景下，企业需持续优化并创新自身的财务管理系统，努力打破部门与专业之间的壁垒，积极推行业财融合等新型管理模式。从目标设定、流程优化、系统升级、人才培养到制度完善等多个维度出发，全面完善财务管理体系，确保财务管理的全过程顺利实施，为管理者提供多维度、精细化的财务支持信息，进而提升企业的价值创造能力。

第三节 大数据背景下企业财务管理智能化发展

在大数据背景下，财务领域正经历着从单一记录向智能多元操作模式的深刻变革。财务信息化作为这场转型的核心驱动力，已成为企业财务管理创新与可持续发展的关键路径。它不仅赋予了财务管理者前所未有的信息捕捉能力，使他们能够迅速锁定关键数据，轻松驾驭传统人力管理难以执行的复杂任务；还依托大数据技术的力量，为各行各业量身定制了精准、科学的财务决策支持。

一、现代企业财务管理智能化发展的特点

（一）共享性

现代大数据技术凭借其开放、全面、共享的特性，已在我国各行各业中得到广泛应用。在这一背景下，财务管理模式也逐步从单一走向多元化，不断推动财务人员利用计算机网络进行高效管理，极大地提升了公司财务管理的效率，确保了各项工作的顺利进行。

大数据的兴起，使企业内部的人事、物资等关键数据告别了手工记录的传统方式，转而借助计算机网络实现精准存储与细致分类。电子文件的广泛应用，更是彻底替代了财务部的纸质文件，为财务管理带来了前所未有的便利。现在，人们不再需要费时费力地从一堆文件中翻找所需信息，只需轻轻一点，网络便能提供人们所需的一切。

现代大数据技术带来的变革，不仅让财务人员能够获取更多有价值的外部信息，还极大地拓宽了信息的传播范围。现代大数据技术的引入，无疑为企业的财务管理带来了革命性的变化。

（二）业务范围的扩大

在企业的财务管理工作中，财务管理者只需明确并遵循既定的管理目标，即可显著降低财务管理的复杂度。随着现代大数据技术的广泛引入，当前众多行业已实现了财务管理的自动化，极大地提升了工作效率。数据库的兴起不仅打破了传统单一的财务信息账本管理模式，而且显著提高了企业财务管理的效率。同时，信息交流范围的持续扩大，不仅有助于企业内部信息的快速流通，也为企业的业务拓展和财务管理空间的扩展提供了有力支持。

二、大数据背景下现代财务管理智能化发展面临的挑战

（一）数据来源广，可信度不高

在传统的财务管理模式下，企业内部的财务数据主要由财务部门手工整合，并确保各个环节的相互关联，每一个步骤均受到专业人员的严格监督。然而，随着大数据时代的到来，网络环境下的财务管理工作面临着新的挑战，各环节之间的相对独立性给企业的财务管理带来了较大的挑战。

尽管现代财务管理具有数据来源广泛、管理效率高和质量高的显著优势，但由于资料的不完整性，仍然存在漏报等风险。无论是传统的财务管理还是现代的财务工作，数据的真实可靠性始终依赖于人工录入和审核。

值得注意的是，许多发达国家已经开始采用智能财务软件，以支持企业管理者做出更为准确、科学的决策。然而，在这种背景下，随着金融数据覆盖面的日益扩大，如何确保这些数据的可信度成了一个亟待解决的问题。

（二）财务监督机制不完善

在当前阶段，中国众多行业在财务管理与财政监督服务部门的构建上尚显不足，即便部分行业已设立财政监督管理机构，但其监督职能的实际发挥仍不尽如人意，导致这些监督部门在某种程度上形同虚设，财务监管力度不足。

在企业监督指导小组的成员选拔过程中，公平、公正、公开的原则并未得到切实贯彻，严重影响了各行业财务管理监督工作小组在财政监督和引导职能上的有效发挥。因此，构建完善的财务管理监督机制，是推动智能化财务管理进程中的关键一环。

（三）数据出现盗窃或丢失的情况

智能化的财务管理，确保了信息的及时传递，有效减轻了财务管理者的工作压力，极大地提升了大数据环境下企业财务管理工作的效率与质量。尽管智能化的财务管理为各行各业的工作与生活带来了显著的便利，但是在数据传输的过程中，财务管理数据一旦被篡改或盗用，对企业而言，其损失将是无法估量的。网络世界的虚拟性和开放性，使得犯罪分子能够利用不正当手段窃取商业秘密。相较之下，传统的纸质档案的保存方式则有效规避了这一风险。因此，在大数据背景下，企业财务人员对于智能财务数据的传输、保密等需要高度重视。

（四）财务管理人员素质不高

智能财务管理系统主要是借助计算机和网络数据处理系统等先进工具，在无须人工干预的情况下，自动执行记账、算账和报账等核心数据管理任务。然而，由于众多财务管理人员缺乏必要的专业知识储备和实战经验，他们在处理财务管理工作时往往难以采取切实有效的策略，从而导致了公司财务管理工作中的疏漏，进而影响了公司整体财务管理的效率和质量。因此，在充分利用现代大数据技术的背景下，我国企业亟须提升自身的专业素养，并通过定期的培训活动来充实和更新现代财务管理的知识，推动我国企业财务管理智能化工作的持续发展。

三、强化财务管理智能化发展的策略

（一）提高管理人员的计算机技术应用能力

全面、科学、可靠的财务数据对于确保企业财务管理体系的顺畅运行至关重要。这些数据涵盖了财务和运营等多个方面，是企业财务管理工作中不可或缺的一环。因此，企业财务管理部门需充分发挥其作用，以优化管理效果。

在现代企业财务管理中，利用大数据技术已成为一种趋势。为了提升财务管理人员的综合素质，招聘具备较强计算机应用能力的人员成为关键，以更好地应对现代财务管理中的挑战。

一方面，财务管理者需针对企业财务管理工作中存在的问题，采取精准有效的管理措施，以提升财务管理工作的质量；另一方面，财务管理者应充分利用专用的信息管理软件，对企业的账本数据进行细致核查，确保大数据技术的优势得以充分发挥。

会计人员的专业素质直接决定了会计工作的质量。因此，企业相关负责人应鼓励员工加强日常业务训练和理论自学，不断更新、扩展和提升自身的理论知识和专业技能。同时，还应加强财务人员的思想政治教育和对法律知识的学习，确保财务人员能够知法守法，为企业的可持续发展贡献力量。

随着金融改革的不断深化，各行各业的财务管理业务都在发生变革。企业需加强对财务管理人员的相关业务培训，提高员工的业务素质，以更好地应对智能化财务管理的挑战，确保企业在激烈的市场竞争中占据有利地位。

（二）利用大数据技术推行财务公开

在财务管理过程中，财务相关负责人需严格遵守财务公开管理项目，特别在企业重点项目的资金投资、资金理财等关键财务事项上，务必严格执行公司的财务管理制度。企业应借助大数据技术，定期公示企业的财务收支预算情况，确保财务信息的透明度。企业在年终将实施定期与不定期的财务公开，日常财务工作与重要事项均应及时公开。公开方式主要通过网站公开栏进行，财务内容需完整详尽，包括财务摘要、用工项目以及往来业务项目明细，使领导和职工对企业的每项财务收支有清晰的认识。

在利用大数据平台管理与维护数据时，财务管理人员应有效防范黑客攻击，确保信息存储环境的安全稳定。只有加强财务信息的流通与交流，才能在现代大数据环境下，推动企业财务管理的创造性转化与创新性发展，进而提高财务管理的工作效率。

综上所述，各地企业应积极改革和创新地方财务管理模式，以提升我国财务管理工作的整体效率。同时，作为现代智能化财务管理的核心服务对象，财务管理人员需持续加强对财务管理知识的学习，提升自身的业务技能与综合素质，以推动智能化财务管理的持续、健康发展，最终实现智能化财务管理的良性循环。

参考文献

[1]穆庆娟. 大数据背景下企业财务管理数字化转型的探讨[J]. 财会学习, 2024（18）：28-30.

[2]贾哿华. 大数据背景下企业财务会计向管理会计转型研究[J]. 商业文化, 2024（12）：105-107.

[3]李芳. 大数据背景下企业财务管理面临的挑战与变革策略探讨[J]. 商业文化, 2024（12）：108-110.

[4]郭梅. 大数据背景下企业财务管理存在的问题与对策[J]. 商场现代化, 2024（14）：171-173.

[5]王春丽. 大数据时代背景下煤炭企业财务会计向管理会计转型分析[J]. 活力, 2024（11）：136-138.

[6]张嘉宁. 大数据背景下化工企业财务会计管理路径探析——评《化工企业管理》（第三版）[J]. 化学工程, 2024, 52（6）：105.

[7]顾珊珊. 中华优秀传统文化融入高校思想政治理论课的路径研究[J]. 天南, 2024（3）：160-162.

[8]邓光娅, 王玲. 大数据背景下物流企业财务管理的挑战与变革对策[J]. 中国储运, 2024（6）：158-159.

[9]葛羿晖. 大数据背景下企业财务管理创新路径探索[J]. 经济研究导刊, 2024（9）：120-122.

[10]郭婧. 大数据背景下企业财务管理面临的挑战与变革[J]. 乡镇企业导报, 2024（9）：18-20.

[11]田春花. 大数据背景下会计信息化对企业财务管理的影响研究[J]. 财

务管理研究，2024（5）：170-174.

[12]文嘉露.数智化背景下大数据与人工智能技术在企业财务管理中的应用[J].经济师，2024（5）：58-60.

[13]范君兰.大数据背景下的企业财务信息化管理[J].中国商人,2024(5):158-160.

[14]王洪.大数据背景下企业财务管理的现状与解决对策[J].今日财富，2024（13）：164-166.

[15]姜超.大数据背景下企业财务风险管理体系优化策略研究[J].活力，2024（8）：97-99.

[16]姚楠.大数据背景下企业财务管理的创新模式[J].山西财经大学学报，2024，46（S1）：190-192.

[17]单广年.大数据背景下企业财务管理转型研究[J].财讯，2024（8）：159-161.

[18]李卉.大数据财务共享背景下企业财务管理转型的问题研究——以哈尔滨市中企万通科技发展有限公司为例[J].老字号品牌营销，2024，（8）：166-168.

[19]张士永.基于大数据背景简析企业财务管理转型策略[J].老字号品牌营销，2024（8）：169-171.

[20]吴盼.大数据背景下企业财务管理面临的挑战与变革研究[J].中国乡镇企业会计，2024（4）：160-162.

[21]何耀林.大数据背景下企业财务信息化和数字化发展策略研究[J].财会学习，2024（10）：14-16.

[22]任海硕.中华优秀传统文化融入新时代高校思想政治教育实践路径[N].河南经济报，2024-03-28（9）.

[23]陈洪连，张德友.中华优秀传统廉政文化融入高校思想政治教育的价值审视、问题反思与实践路径[J].中共青岛市委党校.青岛行政学院学报，2024（1）：114-121.

[24]韩国颖，张科. AIGC营销：人机共生式营销模式推动数字营销向数智化跨越[J]. 企业经济，2024，43（2）：111-124.

[25]王雪莹. 中华优秀传统文化融入高校思想政治理论课的路径探析[J]. 佳木斯职业学院学报，2023，39（12）：46-48.

[26]李明珠，魏静静. 中华优秀传统文化融入高校思想政治理论课路径研究[J]. 北京农业职业学院学报，2023，37（6）：5-10.

[27]江文. 数字营销综合实训中心建设路径探析[J]. 北方经贸，2023，(11)：140-143.

[28]王永贵，张二伟，张思祺. 数字营销研究的整合框架和未来展望——基于TCCM框架和ADO框架的研究[J]. 商业经济与管理，2023（7）：5-27.

[29]邓莎. 基于行动导向教学理念的高职院校数字营销课程建设与探索[J]. 科教导刊，2023（19）：94-97.

[30]李旭芳. 产教融合背景下的高水平专业群建设研究探索——以数字营销专业群建设为例[J]. 武汉船舶职业技术学院学报，2023（3）：33-37.

[31]李燕. "互联网+"时代数字营销面临的挑战与策略研究[J]. 营销界，2023（12）：11-13.

[32]马逸群，李欣阳. 基于游戏化教学思维的"酒店数字营销"课程教学模式探索[J]. 科技信息，2023，21（11）：200-203.

[33]查广云. 中华优秀传统文化融入高职院校思想政治理论课教学的逻辑理路与实践路径[J]. 思想教育研究，2023（5）：139-143.

[34]蒋念琪. 数字营销技能人才培养质量的提升策略研究——以高职院校为例[J]. 商展经济，2023（6）：145-147.

[35]刘倩倩，狄强. 基于智慧农业视角的农产品数字营销渠道创新路径探索[J]. 全国流通经济，2023（5）：12-16.

[36]王瑶瑶. EPR制度下基于最佳回收渠道的CLSC数字营销模式选择及协调[D]. 哈尔滨：哈尔滨理工大学，2023.

[37]李莹. 数字营销传播环境下广告学人才培养的实践探索[J]. 现代广告，

2022（19）：36-42.

[38]魏凯骏. 数字化时代 A 酒店营销策略优化研究[D]. 上海：华东师范大学，2022.

[39]于林林. 中华优秀传统文化融入高校思想政治教育的价值与实践路径研究[J]. 广西教育学院学报，2022（3）：152-155.

[40]邓溱薇. 数字营销人才能力模型构建研究[D]. 杭州：浙江工商大学，2022.

[41]杨伊. 中华优秀传统文化融入高校思想政治理论课实践路径的探索[J]. 教育教学论坛，2022（21）：149-152.

[42]杜嘉毅. 上海自行车展数字营销策略优化研究[D]. 上海：上海外国语大学，2022.

[43]郭茹梦. 数字营销理论下互联网商业广告的内容生产研究[D]. 四川省社会科学院，2022.

[44]太俊宇. K 新华书店数字营销策略研究[D]. 昆明：昆明理工大学，2022.

[45]柴苗淼. 数字营销背景下新中式家具品牌传播研究[D]. 上海：上海师范大学，2022.

[46]胡玲，许维进. 人工智能应用基础[M]. 北京：中国铁道出版社，2022.

[47]王琳. 智慧营销引领数字营销发展创新方法探究[J]. 商场现代化，2022（4）：98-100.